생명교육총서 5

문제해결능력 향상을 위한 상담의 길잡이
노인 우울 예방을 위하여

윤현숙 · 임연옥

박문사

이 저서는 2012년 정부(교육과학기술부)의 재원으로 한국연구재단의 지원을 받아
수행된 연구임(NRF-2012S1A6A3A01033504)

| 서문

　2019년 말 시작된 코로나19의 습격은 우리 일상을 참 많이 바꾸어 놓았고 앞으로도 어떻게 어떠한 방향으로 변화시킬지 예측하기가 몹시 어렵습니다. 이렇게 혼미한 상황 중에 탄생한 단어, '코로나 블루'는 노년기 삶의 질을 연구주제로 주로 다루어온 저에게는 특별히 마음이 쓰이는 이슈입니다.

　작년 어버이날 혼자 지내시는 친지 어르신께 전화를 드렸더니 "하늘나라 간 너희 엄마가 부러워. 내가 요즘은 아무 것도 먹기가 싫고, 잠도 안오네. 그렇다고 죽어지는 것도 아니고...." 하시면서 시작된 이야기는 한 시간을 훌쩍 넘어 이어졌습니다. 혼자 생활하시는 어르신들이 코로나 블루에 더욱 취약하실 수밖에 없음을 아주 가까이에서 경험한 일화입니다.

　어르신들이 보이는 다양한 우울증상들은 관심을 끌기 위한 꾀병으로 여겨지기도 하고, 나이가 들어서 당연히 나타나는 정상적인 노화 과정으로 간주되기도 합니다. 거기에 더하여 우리 사회는 서구 사회와 달리 그동안 정신과라고 불리었던 정신건강의학과를 방문하는 것 자체를 꺼려하고 우울증 약을 먹는 것에 대해 잘못 이해하고 있는 경우도 많습니다. 따라서 어르

3

신들은 우울증을 조기에 발견하여 적절한 치료를 받기가 쉽지 않습니다.

중증 우울증의 경우에는 전문의에 의한 치료가 우선 되어야 하지만, 경증 또는 중등도의 우울증은 비약물적인 치료방법, 즉 심리사회적인 개입을 통해서도 상당히 호전됨이 많은 국내외 연구에서 밝혀지고 있습니다. 윤현숙 교수님과 저 역시 노인 우울을 주제로 여러 연구를 해왔고, 특히 문제해결치료(Problem Solving Therapy)를 활용하여 어르신의 우울증상이 개선됨을 확인하는 연구들을 해왔습니다.

미국 IMPACT 교육을 직접 이수하신 윤현숙 교수님이 중심이 된 구본미, 이강, 이제연 선생님 연구팀은 2008년에 IMPACT 매뉴얼을 바탕으로 문제해결치료 프로그램 매뉴얼을 만들어 춘천의 독거 어르신을 대상으로 문제해결치료를 실행하였습니다. 그리고 2016년에도 역시 윤현숙 교수님이 주축이 되어 한림대 김여진 교수님, 성공회대학교 남일성 교수님과 저, 한림청소년센터 최경원 박사님과 김운정 사회복지사님, 그리고 지금은 잠깐 현장을 떠나있는 함혜진 사회복지사님으로 구성된 연구팀은 2008년의 문제해결치료 매뉴얼을 노인 암환자에게 적합하도록 재구성하여, 노인 암환자들을 대상으로 실행하였습니다. 또한 2017년에는 앞선 연구팀들이 사용한 문제해결치료 프로그램 매뉴얼들을 다시 수정하여 한림대학교 의료원 내 춘천성심병원 사회사업팀 송정은, 김선형, 진성미 사회복지사님과 한림청소년복지센터 최경원 박사님, 김운정 사회복지사님, 춘천동부노인복지관 신은주, 임명옥 사회복지사님, 그리고 고령사회연구소 허남재 박사님이 춘천시에 거주하는 독거노인 중 자살 위험이 큰 노인들을 대상으로 8회기 프로그램을 실행하였습니다.

문제해결치료를 적용한 연구경험들을 축적해왔지만 몇몇 아쉬움이 남았습니다. 그 아쉬움 중 하나는 연구팀이 정성을 들여서 만든 매뉴얼들이 연구를 마친 후 현장의 많은 사회복지사들이 활용할 수 있도록 사회적으로 확산되지 못하고 연구진의 책장에 꽂힌 채 그대로 있었다는 점이었습니다.

다른 안타까움 하나는 문제해결치료 본래의 목표를 달성하기 위해 매뉴얼의 수정과 보완이 필요하다는 점이었습니다. 송정은, 김선형, 진성미, 김운정, 신은주, 임명옥 6분의 사회복지사님과 최경원, 허남재 박사님이 2017년 겨울 내내 문제해결치료 프로그램을 실행하면서 상담일지를 꼼꼼하고 세밀하게 작성해주었습니다. 문제해결치료 프로그램의 본래 목적은 내담자가 지닌 당면 문제를 해결하는 것뿐만 아니라 내담자의 문제해결능력을 향상시켜서 프로그램 종료 후에도 스스로 문제를 해결할 수 있도록 학습시키는 것이었습니다. 그런데 상담일지를 다시 들여다본 결과 문제해결과정을 반복해서 연습할 수 있도록 매뉴얼을 수정할 필요가 있음을 알게 되었습니다. 그리고 어르신에 비해 나이가 젊은 사회복지사들이 어르신을 대상으로 상담을 하면서 겪는 고충과 해법을 매뉴얼에 반영하여야 할 필요도 깨달았습니다.

이러한 아쉬움들을 해결하고자 연구팀들이 활용한 매뉴얼들을 검토하고 수정 · 보완하기 위한 작업을 시작하였습니다. 이 과정에서 영국의 Mynors-Wallis 연구팀과 McMurran 교수님, 그리고 미국의 UCSF 연구팀, Hegel과 Areán 교수님, Areán, Raue와 Julian 연구팀 등이 지역사회 현장에서 가장 먼저 내담자를 만나는 사회복지사들이 활용 가능한 문제해결치료 매뉴얼을 개발하였고 활발하게 활용되고 있음을 파악하였습니다. 그중에서도 특히 Hegel과 Areán 교수님의 2011년 'Problem-Solving Treatment for Primary Care: A Treatment Manual for Depression' 매뉴얼이 큰 도움이 되었습니다. Dartmouth Medical Center의 Hegel 교수님께 이메일로 연락을 드려 매뉴얼을 사용할 수 있도록 허락을 받았습니다.

또한 '문제해결치료'라는 본래의 프로그램 명칭을 내담자 중심으로 바꿀 필요가 있다는 생각을 하게 되었습니다. 그동안 'Problem Solving Therapy' 또는 'Problem Solving Treatment'를 문제해결치료라고 번역해왔습니다. 그런데 '치료'라는 단어가 내담자를 환자로 간주하고, 임상심리를 전공한 전문가에 의해서만 실행되어야 하는 영역이라는 느낌을 준다는 점이 심리적으로 불편하게 만든다는 것이 언급되었습니다. 그리고 내담자에게 문제해결과정을 학습시켜 상담을 마친 후에도 내담자 스스로 문제를 해결할 수 있도록 문제해결능력을 키운다는 본래의 목적을 사회복지사와 내담자 모두 프로그램 이름에서 알아채기 어렵다는 점이 프로그램 확산의 제한점으로 이야기되었습니다. 그래서 본 매뉴얼에서는 '문제해결치료'라는 명칭 대신 '문제해결능력 향상을 위한 상담'을 사용하려고 합니다.

'문제해결능력 향상을 위한 상담의 길잡이'는 일상 속에서 마주치는 소소한 문제부터 인생을 좌우할 정도로 심각하고 복잡한 문제까지 내담자가 합리적이고 계획적으로 문제를 해결하는 방법을 익혀서 상담을 마친 후에도 스스로 문제를 해결해가며 행복한 삶을 누릴 수 있도록 함에 있어서 사회복지사가 활용할 수 있는 매뉴얼을 제공하고자 하였습니다. 다만, 조심스러운 점은 이 매뉴얼을 읽어보는 것만으로 즉각적으로 완벽하게 적용하기 어렵다는 점입니다. 체계적인 훈련과정이 필요하다고 느낄 수 있습니다. 이 부분은 앞으로 세미나나 워크숍 등을 통해 보완해나가고자 합니다.

문제해결치료를 실행해본 경험을 비추어보면, 8시간 정도의 워크숍을 통해 문제해결치료의 원리와 진행방법을 익힌 후, 사회복지사들이 문제해결치료를 실행할 수 있음을 지켜볼 수 있었습니다. 그리고 문제해결치료를 활용하여 상담을 하는 중에 부딪히는 여러 어려움들을 사회복지사 동료들 간의 슈퍼비전을 통해서, 그리고 다른 상담기법들을 차용하면서 현명하게 해결해나가는 모습을 볼 수 있었습니다. 따라서 상담에 숙련된 사회복지사라면 어르신들을 대상으로 본 매뉴얼을 적절하게 활용할 수 있는 역량을 지니고 있다고 여겨집니다.

본 매뉴얼을 활용하여 상담을 진행하면서 궁금한 점이나 보완될 점, 또는 어려운 점이 있다면 연락주시면 감사하겠습니다. 그러한 부분들을 함께 의논하며 매뉴얼을 더 충실하게 보완해가도록 하겠습니다.

'문제해결능력 향상을 위한 상담의 길잡이'는 '문제해결치료'를 현장에서 실천하고 그 결과를 축적해온 여러 연구자들과 사회복지사들의 밑받침이 있었기에 가능하였습니다. 한림대 윤현숙, 김여진, 이강 교수님, 성공회대 남일성 교수님을 비롯하여 사회복지 실천현장의 구향나, 김새롬, 김선형, 김운정, 김은경, 김은정, 김인혜, 김종환, 김현지, 문지혜, 박혜연, 백정연, 송정은, 신은주, 오원희, 유정화, 이제연, 이송월, 이경애, 이기영, 임명옥, 조선희, 진성미, 함혜진 사회복지사님 그리고 최경원, 허남재 박사님께 깊이 감사드립니다.

'Problem-Solving Treatment for Primary Care: A Treatment Manual for

Depression(2011)'의 사용을 허락한 Dartmouth Medical Center의 Mark T. Hegel 교수님과 University of California at San Francisco의 Patricia A. Areán 교수님께 다시 한 번 더 깊이 감사드립니다.

또한 매뉴얼 출판의 가능성과 필요성을 저보다도 더 먼저 알아채어 강력하게 추진해주시고, 출판과정의 궂은 일들을 도맡아 해주신 한림대 고령사회연구소 유지영 교수님께도 진심으로 감사드립니다.

본 매뉴얼이 우울로 인해 고통을 겪는 어르신들뿐만 아니라 우리의 가족과 이웃들을 위해 실천현장의 사회복지사님들께서 잘 활용하실 수 있기를 기대합니다. 이를 위해 윤현숙 교수님과 저 역시 계속 노력하겠습니다.

2021년 8월
임연옥

목 \ 차

[제1장]

우울 노인 대상 문제해결능력 향상을 위한 상담에 대한 이해

목 \ 차

[제2장]

문제해결능력 향상을 위한 상담에 대한 이해

목 \ 차

목 \ 차

목＼차

[제5장]

효율적인 상담 진행을 위한 길잡이

제1장

우울 노인 대상
문제해결능력 향상을 위한 상담에 대한 이해

01 문제해결치료에 대한 이해

1. 문제해결치료와 매뉴얼의 발달과정

1970년대 초반 Thomas J. D'Zurilla와 Marvin Goldfried(1971)는 개인의 사회적 문제해결능력을 강화시키고 심리적 고통을 감소시키기 위한 목적으로 문제해결훈련 모델을 처음 소개하였다. 그 이후 D'Zurilla, Arther M. Nezu와 Christine M. Nezu 등의 여러 학자들은 문제해결치료(Problem Solving Therapy)의 이론과 치료기법을 지속적으로 수정하고 보완하면서 발전시켜 왔다(D'Zurilla, 1986; Nezu & Perri, 1989; Nezu et al., 1998; D'Zurilla & Nezu, 1999, 2007; Nezu & D'Zurilla. 2006).

그리고 Nezu, Greenfield와 Nezu는 2016년에 신경과학과 정신병리학에 대한 최신 연구결과들을 바탕으로 기존 문제해결치료를 개정하여 '최신 문제해결치료(Contemporary Problem Solving Therapy)'라는 새 명칭을 사용하고 있다(Nezu, Greenfield & Nezu, 2015). 최신 문제해결치료는 전통적인 문제해결치료의 주요 개념과 이론을 재정립하고, 문제를 해결함에 있어서 인지적 과부하나 정서조절 능력 부족과 같은 어려움을 경험할 때 이를 다룰 수 있는 도구 세트를 제시하고 있다(이혜선, 권정혜, 2018).

한편, 영국 옥스퍼드대학교 Catalan 교수 연구팀(Catalan et al., 1991)은 몹시 분주하고 시간의 제한을 받는 지역사회 1차 의료기관의 전문가들이 사회적 문제해결 모델을 바탕으로 한 문제해결치료를 활용할 수 있도록 'Problem Solving Treatment Model for Primary Care(PST-PC)'를 개발하였다. 이 연구팀은 내담자들이 일상생활 속에서 문제해결기술을 빠르게 익힐 수 있도록 해야 함을 깨닫고, 정신보건 전문가가 아닌 간호사나 일반 의사도 지역사회에 거주하는 내담자들을 대상으로 문제해결치료를 실행할 수 있도록 매뉴얼을 만들었다. 특히, 전체 회기에 걸쳐서 문제해결 5단계에 따라 문제를 해결해나가면서 문제해결단계와 기술을 익혀나가도록 하는 방식에서 문제해결의 모든 단계를 각 회기마다 반복하여 익히도록 하는 방식으로 바꾸어 문제해결능력을 향상시키는 것에 초점을 맞추었다.

영국의 Mynors-Wallis 교수 연구팀 역시 경증에서 중증도 수준의 정신장애를 지닌 내담자를 대상으로 지역사회 1차 의료기관이 문제해결치료를 실행할 수 있다는 가능성을 확인하고(Mynors-Wallis, 1996; Mynors-Wallis, et al. 1997), 1998년에 'Problem Solving Therapy for Primary Care Medicine' 매뉴얼을 개발하였다.

Mynors-Wallis 교수 연구팀에 의해 영국에서 만들어진 'Problem Solving Therapy-Primary Care Medicine' 매뉴얼은 Jonh A. Harford 재단과 John D. and Katherine T. MacArthur 재단의 노력으로 James Barrett에 의해 미국에 소개되었다. 미국에서 Hegel과 그의 동료들은 경미한 우울증에 대한 여러 연구를 기반으로 첫 번째 버전 매뉴얼을 2003년에 만들었으며, 지역사회 주민의 우울을 해결하기 위한 IMPACT 프로젝트를 Jonh A. Harford 재단과 California Healthcare 재단의 공동 지원을 받아 Jurgen Unützer와 Hegel,

Areán이 진행하였다. 그 후 2011년 Areán과 Hegel(2011)은 주요 우울증과 기분부전을 지닌 우울한 노인을 대상으로 개입할 수 있도록 매뉴얼을 'Problem-Solving Treatment for Primary Care(PST-PC): A Treatment Manual for Depression'로 수정하고 확산시키기 위해 노력하고 있다.

이외에도 2009년 영국 노팅햄대학교 Mary McMurran 교수는 성격장애를 지닌 사람들을 대상으로 한 매뉴얼로 'Stop & Think 매뉴얼'을 개발하였고, 2013년 University of California, San Francisco(UCSF) 연구팀도 지역사회에서 활용이 보다 유용하도록 Mynors-Wallis 팀의 매뉴얼을 수정·보완하여 'Problem Solving Therapy for Primary Care' 매뉴얼을 개발하였다.

2. 문제해결치료의 효과성

문제해결치료의 효과성은 수많은 연구들을 통해 검증되고 있다. 문제해결치료는 우울, 불안, 자살생각 등의 정신건강 문제뿐만 아니라 고혈압, 당뇨병, 비만, 암 등과 같은 신체건강 문제로 어려움을 겪는 아동, 청소년, 청장년, 중장년, 노인 및 그 가족을 대상으로 사회적 문제해결능력을 향상시키기 위하여 실시되어 왔다. 그리고 많은 선행연구들이 문제해결치료가 증상을 호전시키고 스트레스를 낮추며 삶의 질을 향상시킴을 실증적으로 입증해오고 있다(Nezu & Perri, 1989; Salkovskis et al., 1990; Fitzpatrick et al., 2005; Eskin et al., 2008; Malouff et al., 2007; Bell & D'Zurilla; 2009; Barnes, et al., 2017).

국내에서는 비만 아동(조미영 외, 2004), 비행경험이 있는 청소년(이미정, 2006; 구현지 외, 문경주, 오경자, 2007), 우울성향을 지닌 여중생(엄화윤, 이혜정, 임연정, 2010), 취업 스트레스가 큰 대학생(이혜선, 2018), 대인관계에 어려움을 겪는 대학생(이미정, 2021), 이혼 위기의 부부(박성주, 박재황, 2008), 알코올 중독자(최이순, 2005), 남성 도박중독자(유승훈, 최이순, 김흥석, 2013), 군대 부적응자(이정원, 2014) 등을 대상으로 문제해결치료를 실행하고 그 효과성을 보고하고 있다.

Nezu(1987), Dowric 연구팀(2000), Alexopoulos, Raue & Arean(2003)을 비롯하여 Areán 연구팀(1993, 2008, 2010)은 우울증 환자들을 대상으로 문제해결치료를 비롯한 지지요법, 현실치료, 인생회고치료 등을 실시하고 그 결과 문제해결치료가 우울을 감소시킬 뿐만 아니라 우울증 재발률도 훨씬 낮음을 보고하고 있다. 노인을 대상으로 문제해결치료의 효과성을 검증한 선행연구들에 대한 메타분석을 실시한 Peeren(2014)과 Kirkham, Choi, Seitz(2016)은 문제해결치료가 노년기의 우울을 감소시키는데 효과적임을 보고하였다. 그리고 본 저자들도 지역사회에서 거주하는 우울한 독거노인(윤현숙 외, 2010), 우울증상으로 인해 자살위험이 큰 독거노인(임연옥, 2018), 그리고 우울증상을 보이는 노인 암환자(윤현숙 외, 2018)를 대상으로 문제해결치료를 실시하고 우울수준이 감소함을 확인하였다.

한편, 문제해결치료에 관련된 대다수의 연구가 신체적으로 또는 정신적으로 고통을 받고 있는 사람들을 대상으로 적용한 것과 달리 Nguyen, Chen, Denburg(2018)는 지역사회에 거주하는 건강한 노인들을 대상으로 4회기 문제해결치료를 실시한 결과 복잡한 의사결정을 함에 있어서 효과가 있음을 보고하고, 노인의 의사결정과 문제해결을 위한 실행에 문제해결치료가 유용함을 제시하였다.

지역사회 세팅에서 문제해결치료의 효과성을 입증하는 연구들은 우울과 불안 증상, 주요 우울증, 기분부전장애, 기분장애 등을 지닌 예후가 불량한 내담자들의 증상을 개선시키고 건강수준이 향상됨을 보고하고 있다 (Mynors-Wallis, et al., 1997; Williams et al., 2000; Barrett et al., 2001; Oxman, et al., 2008; Arean, et al., 2008). Mynors-Wallis 교수 연구팀의 경우(1997) 정신건강의학에 대한 전문성을 지니지 않은 간호사가 우울과 불안 증상으로 고통을 받는 내담자들을 대상으로 문제해결치료를 한 달 동안 실행하였다. 문제해결치료를 실행한 집단과 일반적인 치료를 받은 집단을 대상으로 8주와 26주에 추적조사를 실시하여 비교한 결과 두 집단 간 우울수준에 차이가 없었다. 그리고 문제해결치료를 한 경우가 일반적인 치료를 한 경우에 비해 직장업무에 지장을 주지 않아 사회경제적으로 더 유익함을 확인하였다. 이상에서 살펴본 많은 연구들을 통해 사회복지사를 비롯한 간호사와 일반의사들이 문제해결치료를 활용할 수 있는 기반이 마련되었다.

문제해결능력
향상을위한
상담의길잡이

02 우울 노인 대상 문제해결능력 향상을 위한 상담의 개발

영국과 미국에서 문제해결치료 매뉴얼이 개발된 것과 같은 맥락에서 본 저자들도 노인복지관, 종합사회복지관, 정신건강센터와 같은 지역사회 복지기관에서 근무하는 사회복지사가 노인을 대상으로 활용할 수 있는 매뉴얼을 만들게 되었다.

본 저자들은 지역사회의 우울한 독거노인(윤현숙 외, 2010), 우울증상을 지닌 노인 암환자(윤현숙 외. 2018), 자살 위기의 독거노인(임연옥, 2018) 등을 대상으로 문제해결치료의 효과성을 검증하는 유사실험연구를 실시한 경험을 통해 실용적이고 체계적인 매뉴얼이 필요함을 깨달았다.

2008년 춘천에 거주하는 65세 이상 독거노인을 대상으로 우울선별검사인 PHQ-9을 활용하여 우울증 스크리닝을 실시하였고, 그중 10~19점의 중간정도 우울증을 지닌 노인 24명을 대상으로 총 6회기 상담을 실시하였다(윤현숙 외, 2010). 프로그램 종료 직후에는 우울수준이 감소하였지만, 3개월 후 실시한 추적조사에서 우울수준이 다시 높아지는 경향을 보여 문제해결치료의 효과가 장기간 유지되지 않음을 확인하였다. 그리고 상담 과정에서 노인들이 문제를 정의함에 있어서 대부분 막연하게 사는 것이 힘들다고 하소연을 할 뿐 정확하게 무엇이 문제인지 무엇 때문에 우울한지 생각해보지 않는 경우가 많음을 발견하고, 문제상황을 단순화하여 문제의 의미를 찾고 적합한 해결방법을 찾아내는 체계적인 연습과정이 필요함을 제언하였다.

2016년 암 진단 후 외래 통원치료 중이거나 치료종료 후 관찰 중인 65세 이상 노인 암환자 중 PHQ-9 검사결과 10~19점인 30명을 대상으로 의료사회복지사들이 문제해결치료를 총 6회기 실행하였다(윤현숙 외, 2018). 그 결과 상담 종료시점에서 노인 암환자의 우울이 개선되고, 문제를 바라보는 태도나 문제를 해결하는 방식이 긍정적으로 변화할 뿐만 아니라 부정적인 문제지향과 충동적 문제해결양식 및 회피적 문제해결양식이 개선되었다. 그리고 이 연구에서 사회복지사의 개인적인 역량에 따라 상담의 결과가 달라질 수 있음을 파악하고 개인 역량에 따른 편차를 완화시키기 위한 방안을 모색할 필요가 있음을 제안하였다.

2017년 춘천에 거주하는 우울증상이 심해 자살 위험성이 있는 독거노인 16명을 대상으로 문제해결치료를 8회 동안 실행하였다(임연옥, 2018). 문제해결치료에 참여한 집단은 프로그램 시작 전 평균 17.25점이었던 우울수준이 상담 종료 시점에 평균 6.94점으로 10점 이상 많이 낮아졌다. 그리고 상담을 마친 후 2개월 시점에 우울수준이 8.0점으로 아주 조금 상승하긴 하였지만 전체적으로 문제해결치료가 노인의 우울을 감소시키고 그 효과가 시간이 지나도 유지됨을 확인할 수 있었다. 뿐만 아니라 상담 종료 시점에 노인들의 전반적인 문제해결능력이 향상되었고, 부정적인 문제지향이 줄어들었으며, 합리적 문제해결양식을 더 많이 사용하는 반면, 충동적이고 회피적인 문제해결양식을 덜 사용하였다. 그런데 이러한 문제해결능력과 관련된 효과들은 두 달 후 실시된 추적조사에서는 지속되지 않았다.

우울수준은 개선되었으나 문제해결양식과 문제지향 태도가 문제해결 치료를 종료한 2개월 후까지 지속되지 않은 이유를 파악하고, 노인을 대상 으로 문제해결치료를 실행함에 있어서 수정되거나 개선되어야 할 점을 알아보기 위해 사회복지사들이 작성한 상담일지를 다시 살펴보았다(임연 옥, 2019). 무척 꼼꼼하고 상세하게 기록된 상담일지에서 문제해결치료를 마친 후 노인들은 해결할 수 없을 것이라고 생각해왔던 문제를 해결하는 경험을 통해 성취감을 느끼고, 자신의 능력이나 노력으로 문제를 해결할 수 있다는 자신감을 갖게 되었음을 알 수 있었다. 그리고 노인들은 문제해 결치료를 통해 과거에는 시도해보지 않았던 활동을 하고 문제해결을 위해 노력하여 나타난 결과를 보고 만족감을 느끼고 자신의 삶을 긍정적으로 평가하게 되면서 우울증상이 개선되었다. 2개월 후에 실시한 추적면담에 서 몇몇 노인은 문제해결치료 프로그램 종료 후에도 문제해결단계를 일상 생활 속에서 계속해서 적용하여 능동적으로 문제를 해결하였고, 이를 통해 문제해결에 대한 자신감을 키웠다는 긍정적인 결과를 확인할 수 있었다.

한편, 문제해결치료에 참여한 몇몇 노인은 오리엔테이션 1회기와 총 평 가를 실시한 8회기를 제외한 6회기 동안 문제해결단계를 익혔지만, 상담 을 마친 후에는 혼자서 문제해결단계를 생각해서 실행하는 것은 여전히 어렵고, 상담자와 함께 대화를 나눌 때 문제해결단계가 생각이 난다고 하 였다. 결과적으로 6회기 동안 문제해결단계를 노인 내담자가 온전하게 습 득하기에 충분하지 않음을 알 수 있었다. 이는 2회기에서 5회기까지 문제 해결 과정인 5단계를 단계별로 나누어 실행하고 6회기와 7회기에는 각각 문제 한 가지씩을 해결하도록 구성된 매뉴얼로는 긍정적 문제지향을 강화 하고 합리적인 문제해결양식과 문제해결과정을 충분히 익히기 어려움을 의미하였다. 따라서 오리엔테이션에 해당하는 1회기를 제외한 나머지 각 회기마다 문제해결과정을 모두 경험하는 방식으로 구성하여 매 회기 반복연습을 통해 문제해결과정에 대한 학습이 완전하게 이루어져야 함을 깨달았다.

그리고 한 회기가 60분~90분 동안 진행되었는데, 노인들의 집중력이 떨어져 각 회기에서 진행해야 하는 활동에 집중을 하지 못하고, 과거 어려웠던 삶에 대한 이야기나 아주 지엽적인 이야기로 시간을 끄는 경향이 많음을 발견할 수 있었다. 따라서 노인이 집중할 수 있는 정도로 회기의 시간을 조절할 필요가 있었다.

또한, 문제해결치료를 실행할 때 문제 리스트, 문제 체크 리스트, 문제정의 작업지, 문제해결방안 리스트, 문제해결방안 의사결정 작업지, 동기화 작업지, 수행평가 작업지, 문제해결 작업지 등의 8개 종류의 작업지를 활용하였다. 그런데 노인들에게는 작업지의 종류가 너무 많아 혼돈스럽고 번거로웠다. 그리고 시간이 많이 소요되었고, 무엇인가 작성해야 한다는 점이 심리적으로 상당한 부담이 되었다. 더욱이 학력이 낮거나 비문해 노인들은 사회복지사가 대신 작성해줄지라도 자신의 생각을 글로 작성할 수 있도록 표현해야 한다는 것을 매우 어려워하였다. 따라서 노인들이 사용하기에 적합하게 작업지의 종류를 간소화하고 내용을 단순화할 필요가 있었다.

세 차례에 걸친 연구경험과 상담일지 분석을 통해서 우울증상을 지닌 노인이나 일상생활 속에서 어려움을 겪는 노인이 가장 가까이에서 만날 수 있는 사회복지관, 노인복지관, 보건소, 정신건강센터 등의 사회복지사들이 쉽게 활용할 수 있도록 전통적인 문제해결치료 매뉴얼을 수정하여야 할 필요성과 그 수정 방향을 확인하였다. 그리고 Hegel과 Areán 매뉴얼을 중심으로 UCSF 매뉴얼, Mary McMurran 교수의 'Stop & Think' 매뉴얼 등을 참고하여 본 매뉴얼을 만들었다.

다만, 본 매뉴얼이 문제해결치료를 기반으로 하고 있지만 '문제해결능력 향상을 위한 상담'으로 부르고자 한다. 본 매뉴얼이 우울증상을 지닌 노인을 대상으로 문제해결과정을 '학습'시켜 일상생활 속에서 마주치는 문제를 스스로 해결할 수 있는 능력을 갖도록 함을 목표로 한다는 점과 원어 'Problem Solving Therapy'나 'Problem Solving Treatment'에서 사용된 Therapy와 Treatment가 '치료'로 번역되어 내담자와 사회복지사 양쪽 모두에게 심리적으로 거부감을 일으킨다는 점을 고려하면 '문제해결능력 향상을 위한 상담'으로 호칭하는 것이 사회복지 현장에서 보다 유연하게 받아들여질 수 있을 것으로 여겨진다.

문제해결능력
향상을위한
상담의길잡이

03 우울 노인 대상 문제해결능력 향상을 위한 상담의 필요성

우리나라 65세 이상 노인 중 약 15~25%가 일상생활에 지장을 받을 정도의 우울증상을 경험하고 있다. 2017년 노인실태조사에 참여한 65세 이상 노인 10,073명 중 21.1%가 우울증상을 겪고 있다고 답했고, 연령별로 65~69세의 15.1%, 70~74세의 18.2%, 75~79세의 23.6%, 80~84세의 30.7%, 85세 이상의 33.1%로 조사되었다(정경희 외, 2017). 연령이 높아질수록 우울증상을 지닌 노인의 비율이 높아진다는 이와 같은 보고는 인구가 급속하게 고령화 되어가는 우리 사회에서 노년기 우울이 심각한 사회문제가 될 수 있음을 시사한다.

노인 자신이나 가족은 노인이 되면 당연히 우울해하는 경향이 있으며, 이러한 경향은 정상적인 노화로 인한 자연스러운 현상이라고 이해하는 경우가 많다. 그리고 우울한 노인이 호소하는 다양한 신체증상 역시 자연스러운 노화 과정으로 간주하곤 한다(김정엽, 이재모, 2008). 그래서 노인 우울증에 대한 진단율이 낮을 수밖에 없고, 노년기 우울에 대한 조기개입이나 조기치료의 기회를 놓치는 경우가 적지 않다. 심지어는 우울증 진단을 받은 후에도 치료를 받지 않는 노인도 많다.

노인 우울을 치료하지 않은 상태가 지속될 경우 노인 자살과 조기 사망에 이르는 원인이 되기도 한다. 우리나라 65세 이상 노인의 자살률은 2018년 기준 10만 명당 46.8명으로 전체 자살률 26.6명보다 훨씬 높다(중앙자살예방센터 2020). 일반적으로 우울증이 자살 원인 중에서 60~80%를 차지하는데, 노인 자살에서는 그 비율이 훨씬 더 높아 90%가 우울증에 의한 것이라고 보고되고 있다(Harwood, et. al., 2002; Bradvik & Berglund, 2009; 이현숙 외, 2019). 우리나라의 경우 노인이 자살을 시도할 당시 50~87%가 우울상태이고(오병훈, 2006), 우울증상을 동반한 노인이 자살생각을 할 가능성이 정상인에 비해 8.59배나 높다(박창중 외, 2013). 결과적으로 증가 추세인 노인 자살에 있어서 노인 우울이 가장 강력한 요인으로 작용한다는 점에서 우울증상을 지닌 노인에 대한 심리사회적 개입은 상당히 중요한 과업이다.

일반적으로 노인의 경우 주요 우울장애와 같은 심한 우울증은 빈번하지 않지만, 경증의 우울증상은 빈번하게 나타나서 지속적으로 디스트레스를 유발한다(박선철 외, 2013). 우울한 노인은 자신을 돌볼 수 있는 일상생활능력이나 필요한 가사노동을 비롯하여 가족 및 사회관계 내에서 역할을 유지하는 것과 같은 일상생활기능에 어려움을 겪는다. 그런데 노인들은 이러한 일상생활에서 겪는 문제를 적극적으로 해결하려고 노력하기 보다는 타인에게 의존하는 경향이 크고, 문제해결을 우연과 시간에 맡기려는 특성을 보이며(양수, 정은숙, 2003), 문제에 대해 적극적이고 합리적으로 대처하기 보다는 감정적으로 대처하곤 한다. 따라서 문제해결능력이 부족한 우울한 노인들을 대상으로 문제해결능력을 학습시키는 심리사회적 개입이 필요하다.

우리나라 65세 이상 노인 중 89.5%가 의사진단의 진단을 받은 만성질환을 지니고 있으며(정경희 외, 2017), 3개월 이상 매일 복용하는 약의 개수가 1인당 5.3개이다(원장원, 2017). 더욱이 나이가 들수록 만성질환 수가 늘어가면서 복용하는 약의 수도 증가한다. 노인들은 정신건강의학과 진료에 대한 거부감이 클 뿐만 아니라 이미 여러 종류의 많은 약을 복용하고 있기 때문에 우울증 약을 복용하는 것을 꺼려하는 경우가 많다. 이러한 상황을 고려하면 우울증상을 지닌 노인 내담자를 대상으로 효과적으로 사용할 수 있는 비약물적 접근 방법을 적극적으로 시도해야 한다.

이러한 맥락에서 '문제해결능력 향상을 위한 상담'은 재가 노인의 우울을 관리하고, 우울로 인한 자살을 예방하기 위해 노인복지관을 비롯한 지역사회 복지기관에서 쉽게 효율적으로 활용할 수 있는 심리사회적 개입방법들 중의 하나라고 할 수 있다. 그리고 노인의 심리사회적인 상태뿐만 아니라 경제적 문제나 대인관계 어려움 등과 같이 일상생활에서 경험하는 다양한 문제를 다룰 수 있다는 점(Choi et al., 2012)과 건강한 노인의 복잡한 의사결정과 실행을 돕는다는 점(Nguyen, Chen, Denburg, 2018)에서 노인들에게 매우 적합하다고 여겨진다.

문제해결능력
향상을 위한
상담의 길잡이

04 우울 노인 대상 문제해결능력 향상을 위한 상담의 특징

전통적인 문제해결치료와 최신 문제해결치료는 행동치료 또는 정신보건 분야의 박사학위를 취득한 임상심리치료 전문가가 정신건강 또는 신체질환의 문제를 지닌 내담자를 대상으로 의료시설 세팅에서 1회기 60분~90분 동안, 총 10~20회기에 걸쳐 실행한다. 그리고 내담자가 지닌 주요 문제를 해결하되 문제해결의 각 단계를 회기별로 나누어 엄격하게 다룬다.

이에 반해 지역사회 복지기관의 사회복지사가 사용할 수 있는 문제해결치료인 '문제해결능력 향상을 위한 상담'은 짧게는 4회기에서 최대 12회기까지 유연하게 진행할 수 있다. 그리고 문제해결능력이 저하된 재가노인들이 사회적 문제해결기술을 반복 연습을 통해 충분히 습득함으로써 현재 문제뿐만 아니라 미래에 생길 문제도 독립적으로 해결해나갈 수 있도록 '학습'에 초점을 맞춘다.

'문제해결능력 향상을 위한 상담'이 지닌 특징을 정리하면 다음과 같다.

첫째, '문제해결능력 향상을 위한 상담'은 우울증상을 보이는 노인 내담자를 대상으로 효과적으로 사용할 수 있는 비약물적 접근 방법이다. 뿐만 아니라 복잡한 의사결정으로 인해 힘들어하는 건강한 노인에게 의사결정과 실행까지 도울 수 있다.

둘째, 문제해결과정이 7단계로 구조화되어 있고, 정신분석과 같은 심리치료나 문제해결치료에 비해 개입기간이 4~12회기 정도로 비교적 짧으며, 노인의 인지능력 및 여러 요인을 감안하여 회기를 탄력적으로 조정할 수 있다.

셋째, 상담에 대한 전반적인 소개를 하는 1회기만 60분 동안 진행하고, 나머지 회기는 문제해결과정을 익히기 위해 30분 동안 진행한다. 따라서 시간적인 측면에서 기존의 문제해결치료에 비해 훨씬 더 효율적이고, 노인이 회기 중간에 집중력을 잃지 않고 상담에 초점을 맞출 수 있다.

넷째, 전통적인 문제해결치료에서 활용하던 작업지의 종류가 8개이고 그 내용이 복잡한데 비해, 작업지의 종류와 내용을 단순화시켜서 문제해결단계에 따라 작성하면서 문제해결과정을 자연스럽게 익힐 수 있다.

다섯째, 의료기관이나 전문상담기관과 같은 시설 세팅이 아니더라도 거동이 불편하여 외출이 어려운 노인의 집을 방문하여 실시하거나, 유무선전화 또는 화상 전화로도 실행이 가능하여 접근성이 높다.

여섯째, 노인을 사례관리 할 경우, 본 상담에서 제시하는 문제해결과정을 통해 노인 내담자 스스로 필요한 서비스를 선택하고 이용함으로써 서비스의 효과성을 높일 수 있다.

제2장

문제해결능력 향상을 위한 상담에 대한 이해

문제해결치료(Problem Solving Therapy)는 인지행동치료 원리를 적용하여 내담자에게 문제를 바라보는 태도와 문제해결기술을 훈련시키는 것에 초점을 맞춘 구조화된 심리사회적 개입방법이다(D'Zurilla & Nezu, 2010). 문제해결치료를 기반으로 하는 본 상담은 노인 내담자가 문제해결과정을 반복 경험을 통해 완전히 숙지하여 실제 삶 속에서 전문가의 도움 없이도 스스로 활용할 수 있도록, 문제해결능력을 향상시키는 것을 목표로 한다. 이를 통해 노인 내담자가 '지금, 여기'에서 겪고 있는 문제를 자신의 힘으로 해결하여 우울에서 벗어남과 동시에 자기효능감을 키우게 될 것이다.

문제해결능력
향상을위한
상담의길잡이

02 문제해결능력 향상을 위한 상담의 원리

여러 유형의 문제해결치료 매뉴얼이 개발되어 활용되고 있지만, 인지행동치료, 창의성, 학습의 세 가지 원리를 활용하여 내담자의 사회적 문제해결능력을 향상시키고자 하는 심리사회적 개입이라는 점에서는 모두 동일하다.

첫째, '문제해결능력 향상을 위한 상담'은 인지행동치료의 원리를 활용한다. 우리의 생각은 감정과 행동에 중요한 영향을 미친다. 우울한 사람은 비합리적이고 왜곡된 사고를 하고, 이러한 사고방식은 문제를 부정적으로 보게 하며, 문제를 해결하기 위한 행동 역시 역기능적으로 이루어진다. 그런데 인지행동치료는 부정적으로 왜곡된 사고나 신념을 수정하여 행동의 변화를 이끌어 내는데 효과적이다. 따라서 본 상담은 문제와 문제해결을 긍정적으로 생각하여 문제를 합리적이고 계획적으로 해결할 수 있도록 내담자의 인식을 변화시킨다는 점에서 인지행동치료의 원리를 활용하고 있다.

둘째, 학습에 초점을 맞춘다. 학습은 경험이나 의도적인 훈련을 통해 변화가 일어난 것을 의미한다. '문제해결능력 향상을 위한 상담'에서 내담자가 문제에 대해 긍정적인 태도를 갖도록 하고 합리적이고 계획적인 문제해결기술을 학습한다는 것은 문제해결과정을 의도적으로 계획된 바에 따라 반복하여 익힘으로써 상담이 종결된 후에도 내담자가 문제해결과정을 스스로 실행하여 문제를 해결할 수 있도록 변화됨을 의미한다.

마지막으로 창의성을 활용한다. 창의성은 새로운 것을 생각해내는 특성이나 새로운 방식으로 생각하는 힘을 말한다. '문제해결능력 향상을 위한 상담'에서 창의성은 문제를 해결함에 있어서 새로운 방식으로 접근하도록 촉진한다. 기존에 늘 익숙하게 사용하던 잘못된 방법과 패턴에서 벗어나서 문제를 해결할 수 있는 새롭고 다양한 방안들을 생각해내는 브레인스토밍 과정을 통해 최선의 새로운 방안을 찾아내도록 한다.

여기서 브레인스토밍이란 자유로운 분위기에서 어떠한 문제에 대한 해답을 찾기 위해 창의적인 아이디어 목록을 다양하게 만들어내는 방법을 말한다. 브레인스토밍을 제대로 하기 위해서는 어떤 아이디어에도 비판을 하지 말아야 하고(판단금지의 원칙), 질보다는 최대한 많은 양의 아이디어를 짜내도록 하며(양의 원칙), 이미 나온 아이디어에 또 다른 아이디어를 결합하여 더 신선한 아이디어를 제시할 수 있어야 한다(다양성의 원칙).

제3장

문제해결에 대한 개념적 이해

01 주요 개념: 사회적 문제, 사회적 문제해결, 해결

1. 사회적 문제

○ 문제의 정의

우리의 삶에서 '문제'라는 단어는 매우 다양하게 사용되고 있다. 표준국어대사전에 따르면 '문제'는 어의적으로는 '① 해답을 요구하는 물음, ② 논쟁, 논의, 연구 따위의 대상이 되는 것, ③ 해결하기 어렵거나 난처한 대상. 또는 그런 일, ④ 귀찮은 일이나 말썽, ⑤ 어떤 사물과 관련되는 일'로 정의되고 있다.

본 상담의 이론적 바탕이 되는 '스트레스의 관계적/문제해결 모델 (Relational/Problem Solving Model)'은 D'Zurilla와 Goldfried(1971)에 의해 처음 소개되었고, 그 후 D'Zurilla, Nezu와 Maydeu-Olivares(2002), D'Zurilla와 Nezu(1982, 1999, 2007) 등에 의해 확장되었다. 이 모델은 추상적이고 인지적인 문제와 구별하여 '사회적 문제'를 다루고 있다.

'사회적 문제'를 다루는 것은 우리가 일상생활 속에서 경험하는 대다수 문제가 개인이나 환경 중 어느 한 쪽으로 인해 일어나기보다 개인과 환경의 상호작용으로 인해 유발되기 때문이다. 어떤 사건이나 상황, 사건/상황에 대한 개인의 정서 반응, 그리고 개인의 대처방식 간의 상호관계에 따라 스트레스가 유발되고, 이를 문제로 여기게 된다. 엄밀하게 한다면 '사회적 문제' 또는 '사회적 문제해결'로 언급해야 하지만, 편의상 '문제', '문제해결'로 사용하고자 한다.

○ 문제 발생의 장애요인

문제 또는 문제상황은 사건이나 상황에 대한 개인의 대처능력과 환경의 요구가 서로 일치하지 않거나 균형을 이루지 못하는 경우를 말한다(D'Zurilla & Nezu, 2010). 사람들이 갈등을 해소하거나 목표를 달성해야 하는 상황에서 장애요인을 마주쳤을 때, 효과적으로 대처하지 못하여 문제가 생기게 된다. 장애요인으로는 익숙하지 않거나 생소함, 양가감정, 복잡성, 불확실성 또는 예측불능, 상반된 목표로 인한 갈등, 문제해결을 위한 기술이나 자원 부족, 그리고 심각한 정서적 어려움 등이 존재한다(D'Zurilla & Nezu, 2010).

- 익숙하지 않거나 생소함: 자주 경험하지 않은 낯선 상황에 처해 어떻게 해야 할지 모르는 경우
- 양가감정: 동시에 긍정적인 감정과 부정적인 감정을 모두 가지고 있는 상황. 예를 들어 영화를 보러 나가는 것이 좋기도 하지만 나가는 것이 귀찮기도 한 경우
- 복잡성: 문제의 특성이나 해결을 위한 절차나 방법 등이 복잡하다고 여겨지는 상황
- 불확실성 또는 예측 불능: 앞으로 어떠한 일이 벌어질지 모름에 따라 느끼는 두려움과 걱정이 큰 경우
- 상반된 목표로 인한 갈등: 자신과 다른 사람 간에, 또는 자신이 가진

목표들 간에 서로 상충되어 무엇을 선택해야 할지 모르고 우왕좌왕하는 상황

· 문제해결을 위한 기술이나 자원이 부족한 상황: 문제를 해결하는데 필요한 충분한 시간이 없거나 어떻게 해야 할지 구체적인 방법을 몰라 할 수가 없는 상황

· 심각한 정서적 어려움: 실패할까봐 두렵거나 다른 사람의 평가를 두려워하여 어떠한 선택이나 결정도 내리지 못하고 아무런 행동도 하지 못하는 상황

○ 우울한 노인들이 겪는 문제

2017년 문제해결치료에 참여한 독거노인들이 다룬 문제들은 주로 건강, 인간관계, 경제적 어려움, 외출을 비롯한 일상생활의 불편함, 주거문제 및 정서 관련 문제 등이었다(임연옥, 2018). 그중 건강과 관련된 문제가 가장 많았다. 건강 관련 문제로는 병원에서의 검사에 대한 두려움과 검사결과에 대한 걱정, 천식·불면증·이명·소화불량·감기 등으로 인한 건강 변화에 대한 근심, 그리고 병원 선택이나 약 처방받기와 관련된 걱정 등의 내용이었다.

두 번째로 인간관계 문제가 많았는데, 주로 자녀 또는 친척과의 용서와 화해, 이웃과 교제의 어려움 또는 이웃 간 갈등, 오랫동안 보지 못한 사람과의 연락과 만남, 글을 읽지 못함에 따른 창피함 등이었다.

건강과 이웃관계와 관련된 문제 외에도 난방기구나 문화상품권 등의 사용법을 모름, 또는 외출시 동행할 사람이 없거나 교통편의를 이용하기 어려움과 같은 일상생활문제; 병원비나 생필품 구입비 부족 또는 빌려준

돈 받기 등과 같은 경제적인 문제; 수도 동파와 같은 집수리의 어려움, 새 집 구하기와 새 집 적응의 어려움 등과 같은 주거문제; 그리고 외로움이나 부정적 정서와 관련된 문제 등이었다.

독거노인들이 언급한 문제 외에 배우자와의 관계 및 성적 활동, 자원봉사와 일자리, 종교문제, 재산관리 및 유산정리, 가사노동 등의 문제가 있을 수 있다. 결과적으로 노인들이 겪고 있는 문제들은 곤란한 상태에 빠지지 않도록 관심을 가지고 해결해야 대상이나 상황들이다.

○ 문제의 특성

문제들은 다음과 같은 특성을 지닌다.

첫째, 약속을 잊어버리거나 핸드폰을 분실하거나 갑작스레 아프거나 교통사고를 당한 것처럼 일회적이거나 한시적일 수도 있지만, 부부 갈등이나 집단 따돌림처럼 비슷한 패턴이 반복되거나 관련된 사건이 연속되기도 한다.

둘째, 외로움이나 알코올 중독 또는 약물중독처럼 만성화된 문제일 수도 있다.

셋째, 이혼이나 가족 사별처럼 작은 여러 문제가 섞이고 얽혀서 매우 복잡하고 심각할 수도 있다.

넷째, 같은 상황일지라도 어떤 사람에게는 문제가 될 수도 있지만, 다른 어떤 사람에게는 전혀 문제가 되지 않을 수도 있다.

2. 사회적 문제해결

사회적 문제해결은 일상생활 속에서 직면한 문제를 해결해 나간다는 점에서 '사회적인 상황' 이나 '사회적 맥락'을 중요시한다. 그래서 문제해결은 실제 사회 환경에서 일어나는 갑작스런 사건 또는 만성적인 사건에 가장 효과적이고 효율적으로 대처해 나가는 방법을 선택하고 실행해 나가는 과정이다(D'Zullira & Nezu, 1982; Nezu, Nezu & Colosimo, 2015). 이와 동시에 문제해결은 학습 과정이며, 문제상황에서 적응적인 대처 가능성을 높이는 대처 전략이고, 개입의 효과를 유지하고 일반화시키기 위한 자기 통제 방법이다. 그리고 문제해결은 사회적 문제를 해결하기 위한 의식적이고, 합리적이며, 노력을 기울여야 하는, 목적을 지닌 활동이기도 하다 (D'Zurilla & Nezu, 2010).

3. 해결

해결은 사회적 문제해결과정의 결과를 말한다. 효과적인 해결은 문제해결의 목표가 달성된 상태로 이전보다 더 나은 상황으로 바뀌었거나, 부정적인 감정이 줄어들고 긍정적인 정서가 증가하거나, 또는 정적인 결과를 최대화시키고 부정적인 결과를 최소화시킨 상태를 말한다(D'Zurilla & Nezu, 2010).

문제해결능력
향상을 위한
상담의길잡이

02 사회적 문제해결능력:
문제지향과 문제해결양식, 문제해결단계

누구나 마찬가지이지만, 문제를 해결하는 능력이 부족하거나 결여되어 기대한 바대로 문제가 해결되지 않을 경우 우울증과 같은 심리적, 정서적 문제를 겪게 된다. 효율적이면서 효과적으로 문제를 해결하기 위해서는 이 상적인 문제해결능력과 문제해결과정이 필요하다. 이와 관련하여 D'Zurilla 와 Goldfried(1971)는 '스트레스의 관계적/문제해결모델(Relational/ Problem Solving Model)'을 제시하고 사회적 문제해결 5차원 모형과 문제해결단계를 설명하고 있다.

1. 문제지향

사회적 문제해결 5차원 모형은 '문제지향(Problem Orientation)' 2차원과 '문제해결양식(Problem Solving Style)' 3차원으로 구성되어 있다(D'Zurilla & Goldfried, 1971). '문제지향'은 문제와 문제를 해결할 수 있는 자신의 능력에 대한 인지적 평가로(D'Zurilla & Goldfried, 1971), 문제나 문제해결에 대한 일반적인 태도를 말한다. 문제지향은 2개 차원, 긍정적 문제지향과 부정적 문제지향으로 구분된다.

○ 긍정적 문제지향

문제와 문제해결을 긍정적으로 바라보는 사람은 ① 문제를 도전으로, 이득을 얻을 수 있는 기회로 받아들이고, ② 문제를 해결할 수 있다고 낙관적으로 믿으며, ③ 자신이 문제를 성공적으로 해결할 수 있는 능력을 지니고 있다고 믿는다. 그리고 ④ 문제를 해결하기 위해서는 시간과 노력 그리고 불확실성이나 좌절에 대한 인내가 필요함을 알고 있으며, ⑤ 문제를 회피하고 미루기보다는 문제를 해결하는데 신속하게 달려든다.

이와 같이 문제와 문제해결에 대해 긍정적인 특성을 지닌 사람은 문제를 합리적이면서도 계획적으로 해결하고 긍정적 성과를 얻을 가능성이 크다(D'Zurilla & Nezu, 2010).

○ 부정적 문제지향

문제지향의 다른 차원 하나는 '부정적 문제지향'으로 문제나 문제해결에 대해 부정적으로 생각하는 사람의 특징은 다음과 같다. ① 문제가 심리, 사회, 행동 및 건강 등의 영역에서 누리는 행복을 심각하게 위협한다고 여기고, ② 자신이 문제를 성공적으로 해결할만한 능력을 가지지 못하고 있다고 생각하며, ③ 생활 속에서 문제에 부딪힐 때마다 정서적으로 당황하고 혼란스러워 한다.

이러한 부정적 문제지향을 하는 사람은 충동적 문제해결양식이나 회피적 문제해결양식을 취하게 되고 결국 문제해결의 성과가 부정적으로 나타날 가능성이 커진다. 따라서 부정적인 문제지향을 지닌 사람은 낮은 자신감, 부정적 사고, 부정적 정서 반응 등과 같은 문제지향을 방해하는 장애물을 극복하기 위해 노력해야 하고, 긍정적인 문제지향을 할 수 있도록 자기효율적인 믿음을 증진시켜야 한다(D'Zurilla & Nezu, 2010).

2. 문제해결양식

문제해결양식은 스트레스 대응자원에 해당한다. 즉, 문제해결양식은 문제에 대처하는 방법이나 효과적인 해결방안을 찾는 인지적이고 행동적인 활동으로 합리적/계획적 문제해결양식, 충동적 문제해결양식, 회피적 문제해결양식, 3개 차원으로 구분된다.

○ 합리적/계획적 문제해결양식

문제해결양식 3개 차원 중에서 바람직한 문제해결양식은 합리적/계획적 문제해결양식이다. 합리적/계획적 문제해결양식을 취하는 사람은 가장 효과적인 해결방안을 발견할 수 있는 가능성을 최대화시키기 위해 문제해결기술을 활용한다. 문제해결기술은 ① 문제 정의 및 공식화, ② 해결방안 생성, ③ 의사결정, ④ 해결방안의 실행 및 평가와 같은 4가지이며, 이 기술들을 단계적으로 적용한다(D'Zurilla & Goldfried, 1971).

합리적/계획적 문제해결양식을 취하는 사람은 이러한 일련의 기술을 단계적으로 사용하여 문제를 체계적이고 신중하게 그리고 합리적이며 계획적으로 다루어 건설적으로 문제에 접근하므로(D'Zurilla & Nezu, 2010)

문제해결의 성과가 긍정적으로 나타날 가능성이 높아진다. 하지만, 앞에서 언급한 문제해결기술을 적절하게 사용하지 못하는 경우에는 문제에 충동적이거나 회피적인 방식으로 대처하게 되어 문제해결의 성과가 부정적일 뿐만 아니라 심리사회적으로 어려움을 겪게 된다.

○ 충동적 문제해결양식

충동적 문제해결양식을 취하는 사람은 역기능적인 문제해결 유형으로 문제해결전략과 기술을 실제로 수행하였으나, 그 시도가 편협하고 충동적이고 부주의하며, 급하게 서두르고 불완전하다. 이러한 문제해결 유형을 가진 사람이 전형적으로 생각해 내는 해결방안은 단지 몇 개밖에 되지 않는다. 그리고 각 방안이 가져올 결과를 제대로 생각해보지도 않고 맨 처음 떠오르는 생각대로 해결방안을 충동적으로 실행하곤 한다. 따라서 해결방안을 성급하게, 부주의하게, 그리고 비체계적으로 대충 살펴보고 실행할 뿐만 아니라 해결결과를 부주의하고 불충분하게 모니터하는 경향을 지닌다(D'Zurilla & Nezu, 2010).

○ 회피적 문제해결양식

회피적인 문제해결양식을 지닌 사람 역시 역기능적인 문제해결유형에 속한다. 문제를 회피하는 사람은 문제에 즉각적으로 직면하여 문제를 해결하려고 하기 보다는 문제를 피하려고 하며, 가능한 미룰 수 있을 때까지 문제해결을 최대한 미루고 미룬다. 그리고 문제해결에 대해 수동적이고 대책이 없으며, 문제가 저절로 해결되도록 기다리기도 하고, 자신의 문제해결에 대한 책임을 남에게 전가하기도 한다(D'Zurilla & Nezu, 2010).

3. 문제해결단계

　사회적 문제해결은 과정적인 접근을 강조한다. 따라서 문제를 효율적으로 해결할 수 있도록 그 가능성을 최대화시키기 위해 문제해결과정을 단계로 구분하고 각 단계마다 사용할 문제해결기술을 제안하고 있다.

　Nezu, Nezu와 D'Zurilla(2007)은 'Solving Life's Problems: A 5 step Guide to Enchance Well-Being)에서 문제해결단계를 다음과 같이 5단계로 제시하고 있다.

- · 1단계: 일반적인 지향 - 문제에 대한 긍정적이고 낙천적인 태도 갖기
- · 2단계: 문제의 규정과 구성화 - 문제를 정의하고 현실적인 목표를 수립하기
- · 3단계: 대안적 해결책 모색 - 문제해결을 위한 창의적인 해결방안 탐색하기
- · 4단계: 의사결정 - 해결방안을 결정하고 실행계획 세우기
- · 5단계: 실행과 평가 - 해결방안을 실행하고 결과를 평가하기

　지역사회 현장에서 근무하는 사회복지사, 간호사 또는 일반 의사들이 활용 가능한 문제해결치료 매뉴얼들은 대부분 아래와 같이 7단계로 구분하고 있으며 본 '문제해결능력 향상을 위한 상담'도 이를 따르고 있다.

- · 1단계: 문제 선정하고 문제 정의하기
- · 2단계: 목표 수립하기
- · 3단계: 다양한 해결방안 찾기
- · 4단계: 각 해결방안에 대한 장단점 살펴보기
- · 5단계: 최선의 해결방안 선택하기

- 6단계: 실행계획 만들어 해결방안 실행하기
- 7단계: 실행결과 평가하기

문제해결 5단계와 7단계 간의 차이점을 살펴보면 다음과 같다. 첫째, 문제해결 5단계의 1단계에 포함되어 있던 일반적인 지향에 대한 교육을 7단계에서는 1회기 오리엔테이션에서 전반적으로 다룬다.

둘째, 문제해결 5단계 중 2단계에서 문제를 정의하고 현실적인 목표를 수립하던 것을 문제해결 7단계에서는 1단계 문제 선정하고 정의하기와 2단계 목표 수립하기로 나누어 실행하도록 하고 있다. 그리고 문제해결 5단계 중 3단계 해결방안 모색을 문제해결 7단계에서는 3단계 다양한 해결방안 찾기와 4단계 각 해결방안에 대한 장단점 살펴보기의 두 단계로 세분화하였다.

셋째, 문제해결 5단계 중 4단계에서 해결방안에 대한 의사결정을 하고 실행계획까지 세우던 것을 문제해결 7단계에서는 5단계 최선의 해결방안을 선택하기의 의사결정 단계와 6단계 실행계획 세우고 실행하는 단계로 구분하였다. 이를 통해 선택된 해결방안의 실행 가능성을 높였다.

끝으로 문제해결 5단계의 마지막 단계에서 실행과 평가를 하던 것을 문제해결 7단계는 6단계에서 실행계획을 만들어 실행하기와 7단계에서 실행결과 평가하기로 나누었으며, 실질적으로 7단계 평가는 다음 회기의 시작 부분인 과제 확인에서 다루도록 하였다.

우울과 문제해결

1. 노인 우울

○ 우울 정의

　우울이란 정상적인 기분 변화에서부터 병적인 상태까지 연속선상에 있으며 근심, 침울함, 무력감 및 무가치감을 느끼는 기분장애를 말한다(Battle, 1978; 송영달, 손지아, 박순미, 2010에서 재인용).

○ 노인 우울의 원인

　우울의 원인은 여러 가지이며, 하나의 요인에 의해서 발생하기보다는 여러 요인들이 복합적으로 작용하여 일어난다. 노인이 우울을 겪게 되는 요인으로 먼저, 생물학적 요인을 들 수 있다. 세로토닌(serotonin)과 노르에피네프린(norepinephrine)과 같은 뇌 신경전달물질이 감소하거나 적절히 작동하지 않는 긴경생화학적 요인과 감정을 조절하는 뇌 회로 부위의 모세혈관에 이상이 생기는 신경해부학적 요인, 두 가지로 설명된다.

　다음으로 노인 우울의 원인으로 삶의 스트레스를 들 수 있다. 신체질환, 배우자나 친구·친족의 사망과 같은 개인적인 상실, 직장에서의 은퇴로 인한 경제능력 상실과 경제적 궁핍, 사회적 지위 상실과 사회적 고립, 노인에 대한 경시와 차별, 죽음불안 등으로 인해 스트레스를 경험하는 과정에서 적응능력을 초과할 때, 많은 노인들이 우울증상을 보인다(김현순, 김병석, 2007). 그리고 이러한 생활 스트레스는 뇌의 생물학적 상태에 변화를 일으켜 신경전달 기능에 영향을 미쳐 우울에 빠지게 한다.

○ 노인 우울의 증상

노인의 우울증상은 표면적으로 드러나는 증상이 비전형적일 뿐만 아니라 노인 스스로 우울증상을 지각하지 못하여 미리 예측하거나 발견하기 어려운 경우가 많다. 그리고 노인의 우울증상은 정서적, 신체적, 인지적 측면에서 나타나는데 다른 연령대의 우울과 다른 특성을 보인다. 특히, 기분증상은 젊은 성인에 비해 우울감이나 슬픈 기분을 덜 호소하며, 불안과 초조감, 죄책감, 무감동, 흥미 상실, 감정적 둔화 등을 보인다.

우울한 노인들은 기분증상보다는 오히려 신체증상을 더 많이 호소하는 경향이 있다. 이들은 건강염려증이 심하고, 소화불량이나 복통, 두통이나 관절통, 불면증 등의 신체증상에 과도하게 집착한다. 그래서 우울증상을 신체질환이나 단순한 불면증으로 오인해서 신체증상의 진단과 치료에 초점을 맞추어 우울증 진단과 치료시기를 놓치는 경우가 많다(기백석, 1999; 박현석 외, 2006; 박선철 외, 2013).

우울을 겪는 많은 노인들이 두통, 목이나 어깨 통증, 가슴 통증, 근육통, 요통 등의 다양한 부위에서 만성 통증을 호소하는데, 우울증이 심할수록 신체 통증을 더 많이 느낀다. 이는 우울증상과 통증 간에 연관성이 있기 때문이다. 우울증과 통증은 신경전달물질인 세로토닌과 노르에피네프린,

그리고 동일한 생물학적 경로를 공유한다(기백석, 최태영, 2004). 따라서 통증은 우울, 불안 등 정신적인 문제를 일으키고, 역으로 감정적인 문제가 통증을 가중시키기도 한다. 여러 연구보고서에 의하면 우울증 환자의 69~90%가 통증을 호소하고, 반대로 만성 통증 환자의 30~60%에서 우울증이 발견된다.

결국, 우울증상을 겪는 노인들에게 나타나는 신체 통증은 불안과 염세적인 생각을 강화시켜 우울증을 더욱 깊게 만들고, 이러한 우울증상은 통증에 대처하는 힘을 약화시켜 더 심각한 통증 및 다른 신체증상으로 이어지는 악순환으로 작용한다. 결과적으로 만성 통증은 알지 못하는 우울증의 신체적 표현이며, 우울증은 만성 통증의 이해할 만한 결과일 수 있다(기백석, 1999; 박현석 외, 2006; 박선철 외, 2013).

우울증상을 보이는 젊은 사람에 비해 우울한 노인은 인지증상이 흔하게 나타난다. 주의력과 집중력 저하, 그리고 기억력 감퇴로 인해 긴 시간동안 집중하기 어렵고, 미묘한 변별과 선택을 요구하는 질문에 대해 답하기를 어려워한다. 그리고 기억을 포함한 인지기능의 손상이 드물지 않기 때문에 우울이 심할 때는 치매로 오인되는 경우도 많다(기백석, 1999; 박현석 외, 2006; 박선철 외, 2013). 또한 자신이 타인에게 짐이 된다는 생각이나 죄책감이 심할 경우에는 자살생각까지 하기도 한다.

2. 우울과 문제해결의 악순환 관계

우울한 상태가 지속되면 일상생활이나 사회생활에 지장이 생겨 삶의 질까지 저하된다. 노인 암환자를 대상으로 문제해결치료를 실시한 연구결과에 따르면 노인의 우울수준이 높을수록 문제지향을 부정적으로 하는 경향이 더 컸다(윤현숙 외, 2018). 이는 우울한 사람은 문제와 문제해결에 대한 태도 및 동기가 부정적일 뿐만 아니라 문제해결을 위한 방안들을 생각해내는 능력이 부족하며, 실제 개인적인 문제 상황에서 문제를 해결해내는 능력도 부족함을 의미한다.

그리고 우울한 사람은 자신이 지니고 있는 문제를 해결하기 위한 지식과 상관없이 행동하고, 실제 행동에서는 자신이 아는 것에 비해 훨씬 더 비효율적으로 대응을 한다(이미정, 안창일, 1997). 즉, 우울한 사람은 문제와 문제해결에 대해 긍정적인 태도를 지니지 못하고 부정적인 태도를 보이며, 문제를 해결하기보다는 회피하고 충동적으로 부주의하게 문제를 해결하려고 하여 결국 문제를 효율적이고 효과적으로 해결하지 못한다.

한편, 문제해결능력이 부족하여 문제를 제대로 해결하지 못하면 우울감이 커지게 되고, 이러한 상태는 또 다른 문제를 효율적으로 해결하지 못하게 만들며, 문제가 해결되지 않았으므로 우울에서 벗어나지 못하고 우울이 더 악화된다. 결국, 우울과 문제해결은 상호 악순환 관계에서 놓여있다.

따라서 노인이 문제해결기술과 과정을 학습하여 이를 일상생활에서 적용하여 문제상황에 효과적이고 적응적으로 대처하게 된다면, 우울과 문제해결 간의 악순환 고리를 끊고 우울에서 벗어날 수 있게 된다.

제4장

문제해결능력 향상을 위한 상담의 실제

지역사회 내 여러 사회복지기관에서 노인을 대상으로 상담과 서비스를 제공하는 사회복지사가 노인 우울 예방을 위해 활용할 수 있도록 문제해 결치료를 기반으로 한 '문제해결능력 향상을 위한 상담'을 소개하고자 한 다. 우울한 노인 암환자, 재가 우울노인, 자살위기에 처한 우울한 독거노 인 등을 대상으로 문제해결치료를 실시한 경험과 연구결과에서 발견된 제한점과 어려움 등을 보완하여 상담 매뉴얼을 정비하였다. 본 상담은 일 대일로도 가능하지만, 집단 프로그램으로도 가능하다. 다만, 본 매뉴얼은 일대일 상담을 전제로 한다.

'문제해결능력 향상을 위한 상담'은 짧게는 4회기부터 길게는 12회기 범위에서 진행이 가능하다. Hegel과 Areán은 6~10회로 제시하고 있고, UCSF팀은 짧게는 4회에서 가장 길게는 12회까지 가능하지만 가장 이상적 인 회기 수는 6회라고 보고하고 있다(UCSF, 2013). 따라서 상담자는 노인 내담자의 인지능력과 문제해결과정에 대한 학습능력 등을 감안하여 상담 횟수를 융통성있게 정하면 된다.

본 상담은 지역사회 복지기관의 상담실과 같은 환경에서 대면으로 진행도 가능하며, 유·무선 전화나 화상전화로도 진행이 가능한데, 노인의 특성상 1회기와 초기 2~3회기 그리고 마지막 회기는 대면으로 진행하고, 나머지 회기들은 노인의 여건에 따라 유·무선전화 또는 화상전화를 통한 비대면 상담도 가능하다.

본 상담의 1회기는 '문제해결능력 향상을 위한 상담'에 대한 오리엔테이션에 해당하여 60분간 진행하며, 문제해결치료의 원리와 문제해결단계를 설명한다. 1회기를 제외한 나머지 회기는 30분씩 진행하며 ① 각 회기에서 다룰 주요 내용 설명하기, ② 지난 회기에 제시된 과제(실행계획 실천하기, 즐거운 활동하기) 점검하기, ③ 문제해결의 1단계에서 6단계까지 연습하기, ④ 과제(실행계획과 즐거운 활동하기) 확인하기, ⑤ 회기 마무리하기의 순서로 진행한다.

대상자 선정과 문제해결능력 평가하기

1. PHQ-9(Patient Health Questionnaire-9)를 활용한 대상자 선정

본 상담은 아동과 청소년이나 일반 성인, 다문화가정의 구성원을 비롯하여 건강한 노인 등을 대상으로 실행하여도 무방하지만, 지역사회 사회복지기관의 사회복지사들이 우울증상을 지닌 노인을 대상으로 실시하는 것을 전제로 설명을 하고자 한다.

노인 우울정도를 파악함에 있어서 PHQ-9(Patient Health Questionnaire-9), CES-D(Center for Epidemiological Studies Depression Scale, Radloff, 1977) 또는 CES D-10(Irwin, Artin & Oxman, 1999), GDS(Geriatric Depression Scale, Yesavage et al, 1983), 단축형 GDS 등이 활용되고 있다.

CES-D(Center for Epidemiological Studies Depression Scale)는 지역사회 역학연구를 위해 개발되었다. 20개 문항으로 구성되어 있는 CES-D는 지난 1주 동안을 기준으로 응답하도록 되어 있어서 주요우울장애 진단에 사용하는 DSM-IV의 평가 기간과 차이가 있고, 자살을 포함하지 않고 있어서 진단 도구로서 한계가 있다(박경연, 2017). CES-D10은 CES-D의 단축형으로 10문항으로 구성되어 있으며 4점 척도로 측정한다.

GDS(Geriatric Depression Scale)는 문항 내용이 단순하여 이해하기가 쉽고, 응답을 함에 있어서 전체 문항수가 30문항으로 많지 않으며, 문장형식과 응답형식(예/아니오)이 단순하여 응답하는데 시간이 많이 걸리지 않는다는 장점을 가지고 있다. 그러나 집중력에 곤란을 느끼는 노인들에게 적용함에 있어서 다소 시간이 많이 걸린다는 지적에 따라 1986년 Sheikh와 Yesavage가 15문항으로 줄인 단축형 GDS를 내놓았다.

○ 우울증 선별을 위한 PHQ-9의 유용성

노인을 대상으로 활용하는 우울 척도들 중에서 본 상담에서는 PHQ-9을 사용하여 대상자를 선정하도록 한다. 우울증 선별도구인 PHQ-9(Patient Health Questionnaire-9)은 Spitzer 등(1999)이 1차 건강관리센터에서 정신건강을 평가하기 위해 개발한 것으로 우울증의 심각도를 평가하는 자기보고형 검사이다. 한국판 PHQ-9는 신뢰도와 타당도가 검증되어 성인을 대상으로 한 우울연구나 임상에서 우울선별도구로 활용되고 있다.(Han et al., 2008; 박승진 외, 2010; 박경연, 2017).

PHQ-9은 DSM-IV(Diagnostic and Statistical Manual of Mental Disorders, Fourth Edition)의 우울삽화를 진단하는 기준과 일치하도록 구성되어 있으며, 측정도구의 민감도와 특이도가 모두 우수하다. 그리고 측정 문항이 9개로 간결하여 검사하는데 시간이 적게 걸린다. 또한 점수 계산이 간편하여 긴 시간을 할애할 수 없는 1차 임상현장에서 사용이 편리하다.

특히, 의료기관을 방문하면 체온, 혈압, 맥박과 같은 활력징후를 측정하여 신체건강 사정의 기본자료로 활용하는 것처럼, 눈에 뜨이는 우울증상의 유무와 관계없이 한글판 PHQ-9을 일차의료기관이나 건강관리센터에

방문하는 모든 대상자에게 적용하여 정신건강을 사정하는데 활용할 수 있다(Han et al., 2008; 박승진 외, 2010; 박경연, 2017).

○ PHQ-9 문항구성

PHQ-9은 DSM-IV의 주요우울장애의 진단기준에 해당하는 9가지 항목을 모두 포함하고 있다. 9가지 항목은 의욕/흥미상실, 기분저하, 수면장애, 피곤함, 식욕장애, 죄의식이나 무가치감, 집중력 저하, 느리거나 불안정한 행동, 자살사고이다.

PHQ-9 문항 구성*

	우울증상	문 항
1	의욕/흥미상실	무슨 일을 하는데 있어 흥미나 재미를 거의 느끼지 못한다.
2	기분저하	기분이 처지거나, 우울하거나, 희망이 없다고 느낀다.
3	수면장애	잠들기 어렵거나, 계속 잠들기 힘들거나, 혹은 너무 많이 잔다.
4	피곤함	피곤하다고 느끼거나, 기운이 거의 없다.
5	식욕장애	식욕이 거의 없거나, 아니면 너무 많이 먹는다.

---

* 상담자가 사용할 PHQ-9 척도는 p.111에 제시되어 있다.

6	죄의식이나 무가치	내 자신이 싫거나, 자신을 실패자로 여겨지거나, 자신이 내 자신이나 가족을 실망시킨다고 생각한다.
7	집중력 저하	무슨 일에(신문읽기, TV보기 등) 집중하기 어렵다.
8	느리거나 불안정한 행동	움직임이나 말이 너무 느려 남들이 알아차릴 정도다. 아니면, 안절부절 못하거나 가만히 있지 못하여 보통때보다 더 많이 돌아다닌다.
9	자살사고	차라리 죽었으면 더 낫겠다는 생각을 하거나, 어떻게든지 자해를 하려는 생각을 한다.

○ PHQ-9 측정 및 채점 방법

최근 2주 동안 위에서 언급한 9가지 증상에 대해 얼마나 자주 겪었는지에 대해 '전혀 없음', '며칠 동안', '일주일 이상', '거의 매일'의 4점 척도로 응답하도록 되어 있다. '전혀 없음'을 0점, '거의 매일'을 3점으로 하여 9개 문항의 총점을 계산한다. 10점을 우울증상에 대한 절단점(cut-off point)으로 설정하고 있다(Spitzer et al., 1999).

총점의 범위는 0점에서 27점으로, 총점이 0~4점인 경우는 우울이 전혀 아니다. 5~9점은 다소 경미한 수준의 우울감이 있으나 일상생활에 지장을 줄 정도는 아니다. 그러나 이러한 가벼운 우울이 장기간 지속된다면 개입이 필요하다. 10~19점은 중간 정도의 우울로 신체적, 심리적 대처자원이 저하된 상태로 개인의 일상생활이 어려울 수 있으므로 개입이 요구된다. 20~27점은 심한 우울로 전문적인 치료가 필요한 수준이다.

PHQ-9 총점이 20점 이상으로 우울증상이 심각하거나 '차라리 죽었으면 더 낫겠다는 생각을 하거나 어떻게든지 자해를 하려는 생각을 한다'라는 문항에 대해 '일주일 이상' 또는 '거의 매일'이라고 답한다면, 자살위험도가 크므로 즉각적으로 전문적 치료나 위기개입이 반드시 이루어져야 한다. 그리고 위기개입과 함께 본 상담을 병행할 수 있다.

○ '문제해결능력 향상을 위한 상담'의 대상자 선별*

　　윤현숙 외(2018)와 임연옥(2018)은 PHQ-9 점수가 10점 이상 19점 이하로 우울수준이 중간 정도인 노인 내담자를 대상으로 문제해결치료를 실행하였다. 그런데 Han 등(2008)은 한국의 1차 의료기관에서 노인 우울을 스크리닝할 때 적정 절단점을 5점으로 하는 것이 바람직하다고 보고하고 있다. 따라서 우울을 선제적으로 예방하기 위해 본 '문제해결능력 향상을 위한 상담'에 PHQ-9 점수가 5점 이상인 대상자를 포함시켜도 될 것으로 여겨진다.

2. 단축형 사회적 문제해결능력 검사
(Social Problem Solving Inventory-Revised-Short Form: SPSI-R-SF)

(1) 사회적 문제해결능력 평가 척도

　　내담자들의 문제지향과 문제해결양식을 어떻게 파악할 수 있을까? 이 질문에 대한 답으로 D'Zurilla와 Nezu(1990)은 70개 문항으로 구성된 Social Problem Solving Inventory(SPSI)를 개발하였다. 처음 개발된 SPSI가 실증적인 자료를 통

---

* 상담자가 PHQ-9 측정을 통해 선별된 대상자에게 '문제해결능력 향상을 위한 상담'에 자발적으로 참여하기를 권유할 때 활용할 수 있는 스크립트를 p.116에서 제공하고 있다.

해 구성된 것이 아니었기 때문에 D'Zurilla와 Nezu(1999)는 실제 조사자료를 이용한 요인구조 분석을 통해 SPSI 개정판인 Social Problem Solving Inventory-Revised(SPSI-R)를 개발하였다. 그리고 한국에서는 최이순(2002)이 SPSI-R을 번역하여 그 타당성과 변별력을 입증하였다.

SPSI-R은 문제지향을 구성하는 긍정적 문제지향과 부정적 문제지향의 2개 차원과 문제해결양식인 합리적, 충동적, 회피적 문제해결양식 3개 차원을 측정할 수 있는 총 52개 문항으로 구성되어 있고, 각 문항은 5점 리커트 척도(1=전혀 그렇지 않다, 5=매우 그렇다)로 측정한다.

그런데 SPSI-R은 내담자나 상담자 모두에게 사용상 심리적으로 불편한 부분이 있음이 발견되었다. 내담자 입장에서는 문항이 52개로 문항 수가 많아서 검사를 거부하기도 하고, 검사 시간이 많이 걸리기도 하였으며, 검사에 무성의하게 임한다는 문제점이 발생하였다. 그리고 상담자 입장에서는 52개 문항들 중에서 점수를 역으로 환산하여야 할 문항들이 섞여 있고, 5개 차원별로 문항의 수가 달라서 점수를 계산하는 과정이 복잡하였다(김홍석, 최이순, 장효강, 2013; 임연옥, 2019).

(2) 단축형 사회적 문제해결능력 평가 척도(SPSI-R-SF)

SPSI-R 척도를 활용한 검사의 효율성과 수월성에 대한 문제점을 반영하여 25개 문항으로 구성된 단축형 사회적 문제해결능력 검사가 개발되었다(Social Problem Solving Inventory-Revised Short-Form, SPSI-R-SF, D'Zurilla & Nezu, 2002). SPSI-R-SF은 문제해결 5차원을 각각 5개 문항으로 측정할 수 있도록 총 25개 문항으로 구성되어 있어서 검사시간과 채점시간을 단축시킬 수 있을 뿐만 아니라 사용하기에 간편하다.

우리나라에서는 김홍석, 최이순, 장효강(2013)이 SPSI-R-SF의 타당화를 시도하였는데, 충동형 문제해결양식을 제대로 설명하지 못하는 1개 문항을 삭제하여 24개 문항으로 타당화하였다. 총 24개 문항으로 구성된 한국판 SPSI-R-SF는 긍정적 문제지향 태도를 평가하는 문항 5개, 부정적 문제지향 태도를 평가하는 문항 5개, 합리적 해결기술을 평가하는 문항 5개, 충동적 스타일을 평가하는 문항 4개, 회피스타일을 평가하는 문항 5개로 구성되어 있다.

단축형 사회적 문제해결능력(SPSI-R-SF)을 평가하는 24개 문항은 1점 '전혀 그렇지 않다'에서 5점 '완전히 그렇다'까지 5점 리커트 척도로 답하도록 되어 있다. 차원별로 점수를 계산하되 총점보다는 평균을 계산하는 것이 차원 간 비교에 용이하다. 따라서 충동적 문제해결양식을 제외한 나머지 4개 차원은 5개 문항의 점수를 합하여 5로 나눈 점수로, 충동적 문제해결양식은 4개 문항을 더하여 4로 나누어 점수를 계산한다.

긍정적 문제지향과 합리적 문제해결양식은 긍정적인 측면으로 점수가 높을수록 사회적 문제해결 정도가 높음을 의미한다. 그리고 부정적 문제지향, 충동적 문제해결양식과 회피적 문제해결양식은 부정적 측면으로 점수가 높을수록 사회문제해결 정도가 낮음을 의미한다.

사회적 문제해결능력의 차원별 점수를 해석함에 있어서 유의할 점은 긍정적 문제지향과 부정적 문제지향이 역상관관계가 아니라는 점이다. 내담자 중에는 긍정적 문제지향과 부정적 문제지향이 동일하게 점수가 높게 나타나는 경우가 종종 발견된다. 문제해결치료를 개발한 초기에는 긍정적 문제지향과 부정적 문제지향이 연속적인 선상의 양쪽 극단에 있다고 생각하여 부정적 문제지향이 감소하면 긍정적 문제지향이 강화되는 것으로 여겼다(D'Zurilla & Nezu, 1999). 그러나 실제로 두 개의 차원은 어느 정도 독립적이기 때문에(Nezu, 2004) 두 개의 지향이 함께 높을 수도, 함께 낮을 수도 있다. 따라서 두 차원의 점수가 모두 높을 경우에는 부정적 지향을 낮추는 것으로, 두 차원의 점수가 모두 낮을 경우에는 긍정적 지향을 높이는 것으로 상담의 목표를 정하면 된다.

다음의 표는 사회적 문제해결능력 척도의 5개 차원별 문항을 정리해서 보여준다.

한국판 단축형 사회적 문제해결능력 척도 (한국판 SPSI–R–SF)의 문항구성*

차원	문항
합리적 문제 지향	4. 문제를 해결하기 위한 첫 번째 시도가 실패했을 때, 포기하지 않는다면 문제해결에는 당연히 성공할 것이라고 믿는다. 5. 나의 문제들은 해결될 수 있다고 믿는다. 13. 문제가 생겼을 때, 피하지 않고 가능한 빨리 그 문제를 해결하려고 한다. 14. 내가 열심히 노력하기만 한다면, 어려운 문제들을 내 스스로 해결할 수 있다고 믿는다. 21. 나의 문제를 도전해 볼만한 것으로 보려고 한다.
부정적 문제 지향	1. 중요한 문제가 생겼을 때, 두려움을 느낀다. 3. 중요한 결정을 할 때, 나 자신에 대해 확신을 하지 못한다. 7. 문제를 해결하기 위한 첫 번째 시도가 실패했을 때, 나는 매우 좌절한다.

* 한국판 단축형 사회적 문제해결능력 척도와 계산방법은 p.113~115에서 제시하고 있다.

	8. 내가 아무리 노력한다해도, 어려운 문제를 해결할 수 있을지는 의심스럽다.
	11. 어려운 문제들은 나를 아주 기가 죽게 만든다.
합리적 문제 해결 양식	12. 결정을 할 때, 각 해결책의 앞뒤를 예측해 보려고 한다.
	15. 나에게 문제가 있을 때, 그 문제에 대해 가능한 한 많은 사실을 모은다.
	18. 문제를 해결해 보려고 하기 전에 내가 무엇을 하는지를 정확히 알도록 목표를 먼저 세운다.
	20. 문제를 해결하고 나서, 그 문제가 얼마나 더 나아졌는지를 보기 위해 확인한다.
	22. 문제를 해결할 때, 여러 가지 가능성에 대해서 생각한다.
충동적 문제 해결 양식	2. 결정을 할 때, 내가 할 수 있는 모든 해결책을 조심스럽게 확인하지 않는다.
	19. 결정을 할 때, 각각의 결정에 대해서 생각해 볼 시간을 내지 않는다.
	23. 결정을 할 때, 결과가 어떠한 것인가에 대해서 생각하지 않고 그냥 직감에 따라 한다.
	24. 결정을 할 때, 마음이 너무 급해서 행동하기가 어렵다.
회피적 문제 해결 양식	6. 문제를 나 스스로 해결해 보기 전에 문제가 저절로 해결되는지 보려고 기다린다.
	9. 문제해결을 가능한 한 뒤로 미룬다.
	10. 문제해결을 회피하기 위해 그 문제가 아닌 다른 일을 한다.
	16. 너무 늦어서 아무것도 할 수 없게 될 때까지 문제해결을 미룬다.
	17. 문제를 해결하기보다는 문제를 회피하는데 더 많은 시간을 보낸다.

(3) 단축형 사회적 문제해결능력 척도의 활용

문제해결능력 향상을 위한 본 상담에 참여할 의사를 밝힌 노인 내담자의 사회적 문제해결능력을 평가하기 위해 단축형 사회적 문제해결능력 검사(SPSI-R-SF)를 사용할 수 있다. 그리고 상담 종료시에 다시 평가하여 내담자의 문제해결능력이 얼마나 향상되었는지 비교 평가할 수도 있다. 다만, 노인의 인지수준에 따라 상담자가 사용여부를 판단하여 사용하길 바란다.

02 회기 구성과 진행하기

1. 1회기*

'문제해결능력 향상을 위한 상담'의 오리엔테이션에 해당하는 1회기는 총 60분간 진행한다. 전반 30분 동안에는 문제해결 원리와 문제해결 7단계를 중심으로 설명하고, 나머지 30분 동안은 문제해결 7단계를 연습한다.

(1) 전반 30분: 문제해결 원리와 문제해결단계 설명하기
○ 상담에 대한 전반적인 오리엔테이션

'문제해결능력 향상을 위한 상담'이 앞으로 어떻게 진행될지에 대해 내담자에게 전반적으로 설명하는 시간이다. 몇 회기동안 진행될지, 각 회기가 몇 분 동안 진행될지, 그리고 며칠 간격으로 회기를 진행할지 등에 대해 개괄적으로 설명한다. 예를 들어 상담자는 내담자에게 총 8회 동안 만나서 프로그램을 진행하는데, 첫 회기는 60분, 나머지는 30분씩 진행되며, 1회

---

* 상담자의 역량에 따라 1회기 오리엔테이션 내용이 달라질 여지가 많으므로 본 매뉴얼에서는 Hegel과 Areán 교수팀의 매뉴얼처럼 1회기 스크립트를 p.119~125에 제공하고 있다.

기와 2회기를 1주 내에 모두 실시하고, 다른 회기들은 주 1회 실시할 것임을 설명할 수 있다.

그리고 한 회기에 문제 한 가지를 해결하는 과정을 연습하지만, 때로는 두 회기에 걸쳐서 하나의 문제를 해결할 수도 있음을 명시한다. 또한 내담자의 머릿속에 들어있는 여러가지 생각들을 꺼내어 정리하는데 도움이 될 수 있도록 작업지를 활용할 수 있으며, 각 회기마다 작은 과제가 주어짐을 밝힌다.

○ '문제해결능력 향상을 위한 상담'의 목적 설명하기

노인 내담자들은 상담이라고 하면 마음이 힘들고 속상할 때 버림받았던 자신이 관심의 대상이 되어, 상담자와 내담자의 경계를 무너뜨리고 가릴 것 없이 드러내고 허심탄회하게 털어놓을 수 있기를 기대하고, 수 십 년 동안의 삶을 돌아보고자 하는 경향이 있다(김단비, 주은선, 2020; 정윤희, 김희정, 2020). 그런데 본 상담의 목적은 현재 자신의 정서상태를 부정적으로 만드는 당면 문제를 해결하는 것뿐만 아니라 문제를 해결하는 방법/기술을 반복하여 익힘으로써 상담을 종료한 후에 문제에 직면할지라도 혼자 스스로 문제를 잘 다루어 안정된 정서상태를 유지하면서 일상생활을 할 수 있도록 돕는 것이다. 즉, 내담자가 지닌 당면 문제를 해결하기도 하지만, 반복 연습을 통해 문제해결능력을 향상시키는 것이 본 상담에서 가장 중요함을 인식시켜야 한다. 따라서 문제해결능력 향상을 목적으로 하는 본 상담은 일반적인 심리상담과 다름을 노인 내담자에게 명확하게 이해시키면서 상담의 목적을 설명해야 한다.

○ 문제와 문제해결에 대한 지향에 대해 설명하기

문제에 대한 정의를 설명하고 문제와 문제해결에 대한 태도를 설명한다. '문제'란 현재 상태와 자신이 원하는 상태 간에 차이가 있음을 의미한다. 즉, 자신이 원하는 상태가 되도록 함에 있어서 장애물이 존재하며, 그 장애물로 인해 어려움에 처할 수 있음을 설명한다. 그 장애물은 자신이 처한 상황이나 대상이 낯설거나 익숙하지 않아 무엇을 해야 할지 정확하게 알지 못하는 경우, 상반된 것들 중에서 무엇을 선택해야 할지 모르는 경우, 그 문제를 해결하는데 필요한 시간, 돈, 기술 등과 같은 자원이 부족한 경우, 미래에 어떤 일이 일어날지 몰라서 두려운 경우, 실패가 두려워서 아무것도 하고 싶지 않은 경우 등이 있을 수 있음을 이야기한다.

문제를 바라보는 시각을 설명함에 있어서, 문제는 삶의 정상적인 부분이며, 어느 누구도 피할 수 없는 사건이고, 문제를 개인의 성장이나 자아발전의 기회 또는 자신의 삶을 더 좋게 변화시킬 기회로 인식시킨다. 그리고 문제를 해결하기 위해 아무런 노력을 하지 않고 시간을 그냥 보내는 것보다는 일단 도전하고 실패하는 것이 더 나을 수 있음을 설명한다.

또한 문제를 해결할 방안이 있고, 스스로 그것을 찾아낼 수 있음을 믿도록 한다. 왜냐하면 성공적으로 문제를 해결할 수 있다고 믿을수록 실제로 문제를 더 잘 해결하기 때문이다. 이와 같은 긍정적인 문제지향을 가지게 되면, 문제해결을 위해 시간과 노력이 필요함을 인식하게 되며, 충동적이고 회피적인 문제해결이 부적절함을 깨닫고 끈기를 가지고 문제를 해결하기 위해 노력하게 된다.

필요한 경우, 사정단계에서 실시한 단축형 사회적 문제해결능력 평가(SPSI-R-SF)에 대한 결과를 간략하게 설명할 수 있다. 그리고 본 상담을 통해 부정적인 문제지향을 감소시키고, 긍정적인 문제지향을 증가시키며, 충동적이고 회피적인 문제해결양식을 줄이고, 합리적이고 계획적인 문제해결양식을 익히게 될 것임을 상기시킨다.

○ 우울 관련 증상에 대해 설명하기

노인 우울과 관련된 증상을 정서적 증상, 인지적 증상, 그리고 신체적 증상으로 나누어 설명하며, 그림을 통해 이해를 돕도록 한다. 정서적으로 불안과 초조감, 무감동, 삶의 의욕 및 흥미 상실, 감정적 둔화, 무가치함, 절망감, 죄책감 등의 증상이 나타남을 설명한다.

인지적으로는 주의력과 집중력 저하, 기억력 감퇴, 죽음 및 자살생각이 나타나는데, 노인이 정서적으로 느끼는 절망감과 죄책감으로 인해 자살생각을 하게 되기도 함을 설명한다.

신체적으로는 식욕상실, 무기력, 피곤, 불면증이나 수면과다, 두통, 목이나 어깨 통증, 가슴통증, 요통, 근육통, 관절통, 소화불량과 복통, 현기증, 기타 다양한 부위의 통증 등이 나타남을 설명한다. 우울이 심할수록 신체적인 통증을 더 많이 호소하기도 하며, 신체적인 통증으로 인해 우울이나 불안과 같은 부정적인 정서를 더 많이 겪기도 함을 이야기한다. 이를 통해 신체적인 고통의 원인이 우울일 수 있으며, 우울과 신체상태가 밀접하게 연결되어 있음을 이해시킨다.

○ 우울과 문제해결 간의 관계 설명하기

우울과 문제해결이 상호 밀접하게 악순환 고리로 연결되어 있음을 설명하며, 둘 간의 관계를 그림으로 제시하면서 설명한다.

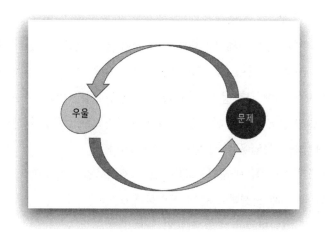

먼저, 문제해결능력이 우울에 미치는 영향을 설명한다. 모든 사람은 문제를 지니는데, 문제가 너무 많거나 어떻게 문제를 다루어야 할지 모를 때 우울에 빠지기 쉬움을 설명한다. 즉, 문제해결능력이 부족하면 문제를 효율적이고 효과적으로 해결하지 못하여 우울하게 되므로 문제해결능력을 향상시켜야 함을 이해시킨다.

다음으로 우울이 문제해결에 미치는 영향을 설명한다. 우울하면 문제를 회피하고 문제해결을 위해 아무것도 하지 않으려고 하거나 가능한 한 문제해결을 미루는 경향을 보이며, 문제상황을 자신의 힘으로 통제할 수도 없고 어떤 것도 해결할 수 없게 됨을 설명한다. 그리고 이러한 상태에서 어떤 것도 시도하지 않을 경우 기분이 더욱 나빠지게 됨을 이야기한다.

이러한 설명을 통해 상담자는 내담자에게 우울과 문제해결이 서로 악순환 관계에 놓여 있는데 문제를 합리적이고 계획적으로 해결함으로써 이 악순환의 고리를 끊고 우울에서 벗어날 수 있음을 인식시킨다.

○ 문제해결 7단계 설명하기

노인 내담자는 문제해결과정에 대해 알지 못한 상태이므로 막연하게 불안감을 느낄 수 있으므로, 문제해결단계에 대해 설명한다. 문제해결단계는 문제에 대해 무작정 이야기하는 것이 아니며 7단계로 구조화되어 있음을 설명한다. 따라서 본 상담은 문제와 직접적으로 관련이 적은 이야기는 최소화할 것임을 다시 한번 더 강조한다.

문제해결 7단계를 아래의 그림과 같이 제시하면서 설명한다.

- 1단계: 문제 선정하고 문제 정의하기
- 2단계: 현실적이고 성취 가능한 목표 수립하기
- 3단계: 브레인스토밍을 통해 다양한 해결방안 찾기
- 4단계: 각 해결방안에 대한 장단점 살펴보기
- 5단계: 최선의 해결방안 선택하기
- 6단계: 실행계획을 만들어 해결방안을 실행하기
- 7단계: 실행결과 평가하기

문제해결 7단계

○ 즐거운 활동 과제 설명하기

매 회기마다 '즐거운 활동하기'를 과제로 하게 될 것임을 밝힌다. 즐거운 활동을 통해 긍정적인 정서를 경험하게 되고, 이 경험은 문제를 바라보는 태도를 긍정적으로 변화시켜 문제해결을 성공적으로 이끄는 단초로 작용함을 설명한다.

Lewinsohn 등(1986)의 우울에 대한 이론은 즐거운 활동이 부족하면 사람이 우울에 빠지게 되고, 우울에 빠지면 즐거운 활동을 덜하게 되는데, 이러한 악순환 과정을 통해 우울이 더 심각해진다고 설명한다. 내담자가 좋아하는 즐거운 활동을 스스로 생각해내고 실천이 가능한 범위 내에서 실행함으로써 긍정적인 정서를 경험하게 되면 이는 문제를 바라보는 시각과 문제해결양식에 긍정적인 영향을 미친다. 따라서 즐거운 활동의 빈도를 증가시키기 위해 매 회기 마지막에 매일 할 수 있는 '즐거운 활동하기'를 과제로 부여함을 설명한다.

임연옥(2018) 연구에 참여한 노인 내담자들이 언급한 즐거운 활동들을 살펴보면 아래와 같이 다양하다.

• 친구/아들/며느리/손자녀에게 전화 걸기	• 손녀를 위해 김장해주기
• 이웃과 인사하기	• 손자와 놀기(바둑, 실뜨기 놀이 등)
• 내가 먼저 사람들에게 말 걸기	• 손자에게 과자 사주기
• 바깥에 나가서 사람을 만나 이야기하기	• 복지관 프로그램 매일 참석하기
• 친구/주위 사람을 칭찬하기	• 경로당 가서 어울리기(점심식사, 게임 등)
	• 꽃에게 이야기하기(칭찬해주기)

- 사람들에게 친절하게 대하기
- 친척/친구/이웃 집 방문하기
- 자녀/손자녀/친구 등과 외식하기
- 친구와 커피/점심 같이하기
- 고마운 사람에게 자그마한 선물하기
- 고마운 사람에게 밥 사기
- 음식/반찬 만들어서 나누기
- 시장에 나들이 나가기
- 산책하기(동네 한 바퀴/초등학교 운동장 돌기 등)
- 노래 부르면서 걷기
- 등산하기
- 걸으면서 주변풍경 관찰하기
- 밤 주우러 가기/쑥 캐러 가기
- 가보고 싶었던 곳 가보기(단풍 구경, 가을국화축제, 수목원, 찜질방, 청계천 등)
- 동생과 소풍가기
- 바깥에 나가서 햇볕 쬐기
- 야외에 나가서 자연 바라보기(산, 공원 등)
- 사진 찍으러 바깥에 나가기
- 헬스장 가서 운동하기
- 운동기구 이용해서 운동하기
- 음악 들으면서 운동하기
- 화초 가꾸기(화분 물주기, 분갈이 하기, 가지치기 등)
- 김치 또는 반찬 만들기
- 바느질 하기(조각보 만들기)
- 춤추기(장수춤, 라인댄스 등)
- 당구치기
- 자전거 타기
- 좋아하는 노래 부르기(가요, 찬송가 등)
- 부르고 싶은 노래 연습하기
- 악기 연주하기(하모니카)
- 붓글씨 쓰기
- 화투치기
- TV 보기(드라마, 뉴스, 스포츠 중계, 음악프로 등)
- 라디오로 음악 듣기
- 영화 관람하기
- 핸드폰 카메라로 예쁜 사진 찍기(꽃, 나무, 강아지, 손주, 사람, 풍경)
- 핸드폰 카메라로 찍은 사진을 가족이나 친구에게 전송하기
- 도서관에서 책 대출해서 독서하기
- 서점에 가서 책 사서 읽기
- 독서하기
- 청소하기

· 맨손체조하기(건강체조하기) · 나 자신을 칭찬하기 · 나 자신을 위한 물건을 구입하기 　(자전거, 옷, 화장품, 등) · 일주일에 한 · 두 번 멋지게 꾸미기 · 나를 위해서 챙겨 먹기 · 맛있는 음식 만들어 먹기	· 옷장 정리하기 · 기도하기 · 성경읽기 · 가지고 있는 물건을 나눠주기

이외에도 수공예품 만들기, 설교나 강론 듣기, 게임하기, 샤워나 반신욕 하기, 낮잠 자기, 마사지 받기, 새로운 것을 배우기, 일기 쓰기, 신문 읽기, 고장 난 물건 고치기, 애완동물과 놀기 등의 즐거운 활동도 있으며, 개개인 이 할 수 있는 즐거운 활동의 종류는 무궁무진하다.

(2) 후반 30분: 문제해결 7단계 연습

1회기 후반 30분 동안에는 내담자가 지닌 문제 1개로 문제해결 7단계를 연습한다. 이때 작업지를 보여주고 문제해결 7단계에 따라 차례로 작성해 나가게 되어 있음을 설명한다. 노인 내담자가 작업지 작성이 가능한 경우 에는 직접 하도록 하지만, 글을 읽거나 쓰지를 못하는 경우 외에도 '글씨가 너무 작아서 보이지 않는다' 또는 '돋보기를 가지고 오지 않았다 ' 등의 이유를 대며 글씨를 직접 쓰는 것을 꺼려한다면 굳이 노인 내담자에게 돋보기 등을 챙겨주며 직접 작성하도록 밀어 붙이기보다는 상담자가 대신 작성하는 것이 좋다.

주어진 30분 내에 계획대로 문제해결과정에 대한 연습이 완전하게 이루어지지 않을 수 있다. 이러한 경우에 시간을 늘려서 6단계까지 진행하려고 하기 보다는 문제해결과정에 대한 연습을 통해 문제가 무엇인지 분명하게 알게 되고 문제를 어떻게 해결할 지에 대한 생각을 할 수 있는 계기를 갖게 되었음에 대해 의미를 부여하고 마무리한다.

문제해결 7단계 중 6단계까지 진행이 되었다면, 6단계에서 세운 구체적인 실행계획과 함께 '즐거운 활동하기'를 다음 회기까지 실천해오도록 과제로 부여한다.

2. 2회기∼종결 직전 회기

2회기부터는 30분 동안 진행한다. 각 회기는 ① 과제 실천결과 확인하기, ② 문제해결 7단계 복습하기, ③ 문제해결단계에 따른 문제해결 연습하기, ④ 즐거운 활동 계획과 과제 부여하기, ⑤ 마무리 순으로 진행한다.

○ 과제 실천결과 확인하기

2회기부터는 앞 회기에서 세운 '실행계획'과 '즐거운 활동하기' 의 실천 결과를 평가하는 과제 확인으로 시작한다. 과제 확인은 내담자의 발전을 점검하고, 문제해결의 성공 경험을 강화시키며, 이러한 노력을 지속하도록 격려하여 문제해결에 대한 자기효능감을 향상시키는 것을 목적으로 한다. 단, 과제 점검을 하면서 이야기가 길어져 시간을 많이 할애하지 않도록 하고, 5분 이내에 마친다.

성공한 부분을 강화함에 있어서 실제 성취한 것에 근거하여 언어적으로 지지를 해야 하며, 노인 내담자 스스로 자기보상을 할 수 있도록 한다. 자기보상은 스스로 칭찬하기를 비롯하여 작은 물질적인 보상도 가능하다.

만약, 1회기에 세운 실행계획에 따라 문제해결을 시도하였으나 실패한 경우, 그 원인이 내담자가 통제할 수 없는 장애물 때문인지, 또는 문제특성이 장기화된 것인지 등을 검토한다. 내담자가 장애물로 인해 문제를 해결하지 못한 경우, 2회기에 새로운 방안으로 문제해결을 다시 시도하거나 아예 새로운 문제의 해결을 시도한다. 그리고 이때 중요한 것은 문제해결의 성공여부보다는 문제를 해결하기 위해 지속적으로 노력하는 것이 중요함을 내담자에게 상기시키는 것이다.

○ 문제해결 7단계 복습하기

과제를 확인한 후 문제해결 7단계를 복습한다. 이때 상담자와 내담자가 7단계 그림이나 글로 적힌 종이를 보면서 함께 읽어보며 7단계를 기억하도록 한다. 그리고 회기가 진행되면 내담자가 직접 종이에 써보면서 복습하도록 하는 것도 가능하다.

○ 문제해결단계에 따른 문제해결 연습하기

문제해결 7단계에 따라 새로운 문제를 해결하는 연습을 하거나, 지난 회기에서 실패한 문제를 해결하기 위한 새로운 방안을 찾아보고 실행계획을 세운다. 이 과정을 통해 긍정적인 문제지향을 촉진시키고 문제해결기술을 연습하고 사용함으로써 자립적으로 문제를 해결할 수 있는 능력이 향상됨을 강조한다.

○ 과제 부여하기와 마무리하기

문제를 해결하기 위한 실행계획을 세운 후, 다음 회기까지 매일 할 수 있는 '즐거운 활동'을 계획한다. 그리고 즐거운 활동과 실행계획의 실천을 과제로 부여한다.

과제 부여를 마친 후에는 다음 회기 일정을 확인하면서 마무리를 한다.

○ 종결 준비하기

회기가 진행될수록 노인 내담자는 문제해결 7단계에 따라 문제를 해결하는 경험을 반복하면서 독립적으로 문제해결 7단계를 실행할 수 있게 될 것이다. 상담 종결을 2~3회기 정도 앞둔 시점부터는 노인 내담자와 앞으로 만날 횟수가 몇 번 남지 않았음을 이야기하면서 상담 종료에 대해 내담자가 심리적으로 준비를 할 수 있도록 한다.

3. 마지막 회기

마지막 회기 역시 30분 동안 진행한다. 마지막 회기에는 과제 실천결과를 확인한 후 본 상담기간 동안 미처 다루지 못한 문제에 대해 언급한다. 그리고 그동안 성취한 것을 정리하면서 자부심과 자기효능감을 강화시키며, 앞으로 마주하게 되는 일상생활 속의 여러 문제들을 문제해결 7단계를 활용하여 해결하도록 격려한다.

○ 과제 실천결과 확인하기

　이전 회기와 마찬가지로 문제해결을 위한 '실행계획'과 '즐거운 활동하기'의 실천결과를 확인한다.

○ 미처 해결하지 못한 문제에 대해 언급하기

　상담자는 상담이 한정된 회기동안 진행될 수밖에 없음을 설명한다. 그리고 아직까지 해결하지 못하고 남은 문제가 있다면 그 모든 문제를 해결하기에 충분한 시간이 주어지지 못하였음을 안타까워하며, 그 문제도 지금까지 상담시간에 해온 것처럼 스스로 잘 해낼 수 있을 것이라고 격려한다.

○ 우울증상의 경고 사인에 대해 이야기하기

　노인 내담자가 우울에 다시 빠지지 않도록 1회기에서 활용한 우울증상 그림자료를 활용하면서 우울 징후나 증상에 대해 이야기한다. 그리고 기분을 좋게 만들 수 있는 방법으로 무엇이 있었는지 생각해보고, 앞으로 우울 징후가 느껴질 때 즐거운 활동을 스스로 찾아서 하여야 함을 강조한다.

○ 문제해결 성공 경험을 돌아보기

　전체 회기를 통해 노인 내담자가 문제해결 7단계를 통해 문제를 해결해 오면서 어떠한 발전을 했는지 되돌아보며, 그동안 이룬 성공들을 강조한다. 즉, 지난 회기동안 성취한 것들을 요약·정리함으로써 내담자들이 그동안 자신이 해낸 것들에 대해 자부심을 갖고 자기효능감을 느끼도록 한다.

○ 문제해결 7단계를 활용해서 미래의 문제를 다루기

문제해결 7단계를 복습한다. 이 문제해결 7단계가 현재 문제를 해결하는 것뿐만 아니라 미래의 문제를 해결하거나, 중요한 의사결정을 할 때도 사용될 수 있음을 강조한다. 그리고 가까운 미래에 마주할 잠재적인 문제 또는 가상적인 문제를 예상해보면서 앞으로도 문제를 해결하기 위해 지속적으로 노력하도록 격려하고 지지한다.

이때, 모든 문제를 완벽하게 해결해내는 것이 목적이 아니며, 문제해결 단계를 삶에 스스로 적용시키면서 문제해결을 시도해나가는 것이 중요함을 강조한다. 특히, 내담자가 그동안 배운 것과 독립적으로 효과적으로 적용할 수 있었던 것들을 강조하고, 문제해결 7단계에 따라 문제해결을 시도할 때 문제를 긍정적으로 바라보고 합리적이며 계획적으로 문제를 해결해 낼 수 있음을 강조한다.

○ 상담 종료 후 사후관리 안내하기

'문제해결능력 향상을 위한 상담'을 마친 후에라도 내담자가 문제해결에 어려움을 겪는 상황에 처하면 연락을 할 수 있도록 기관 연락처와 상담자의 이름를 알려준다. 그리고 혼자 스스로 문제해결 7단계를 실천할 수 있도록 여분의 작업지를 제공한다.

만약 사후관리를 위한 추후 프로그램을 계획하고 있다면, 참여여부를 물어보고 동의를 받도록 한다. 사후관리 프로그램은 개인 또는 집단으로 진행할 수 있으며, 노인이 사례관리 대상자일 경우 사례관리와 병행하여 진행하는 것도 바람직하다.

문제해결 7단계 이해하기

1. 1단계: 문제 선정하고 문제 정의하기

○ 1단계 목표

불안이나 초조감, 죄책감과 같은 부정적인 감정, 특정한 생각에 대한 집착, 소화불량이나 복통, 두통이나 관절통, 불면증과 같은 신체적 불편함 또는 목, 어깨, 근육, 허리, 가슴 등 몸의 다양한 부위에서 느끼는 신체적 통증 등은 문제가 존재한다는 신호이다. 1단계는 이러한 신호들을 바탕으로 문제가 존재함을 인정하고, 무엇이 문제인지 파악하고, 그 문제를 명확한 언어로 표현하는 것을 목표로 한다.

○ 문제를 선정하고 정의하는 방법

본 상담은 사회적 문제해결능력을 향상시키기 위한 과정으로 당면한 문제를 해결하는 것도 목표로 하지만 문제해결과정을 학습하는 것에도 초점을 맞추고 있다. 그러므로 오랫동안 묵혀온 복잡한 문제보다는 내가 '지금, 여기서' 직접 다룰 수 있는 문제, 실천이 가능한 문제, 현실적인 문제를 선정해야 함을 내담자에게 설명한다.

문제를 선정하고 정의하기 위해 먼저, 현재 정서상태나 몸 상태가 어떠한지 물어보는 질문으로 시작한다. 이를 위해 "요즘/오늘 기분이나 몸 컨디션은 어떠십니까?"라는 질문으로 시작한다. 그리고 내담자의 응답에 따라 부정적인 감정 또는 특정한 생각이 들거나 신체적으로 불편함을 느끼는 순간, 사건, 상황 등을 이야기함으로써 문제 또는 문제상황을 발견하도록 한다.

문제를 선정하고 정의함에 있어서 다음과 같은 사항을 유념한다.

첫째, 문제와 관련된 객관적인 정보를 파악한다. 문제 또는 문제상황에 누가 관련되어 있는지, 그리고 무슨 문제가 언제, 어디서, 어떻게, 왜 일어나는지 등에 대해 질문한다.

둘째, 문제를 단순하고 명확하게 표현한다. 예를 들어서 "갑돌이는 너무 게으르다"라고 표현한다면 너무 일반적이고 모호하다. 그런데 "갑돌이는 복지관 미술시간에 매일 30분씩 지각하고, 준비물을 챙겨오지 않는다"라고 한다면 문제를 분명하게 이해할 수 있다.

그런데 노인 내담자는 화가 나거나 흥분하면 상황을 격하게 과장되게 표현하는 경향이 있으므로 상담자는 문제를 과장되지 않게, 명확하게 표현하도록 이끌어야 한다. 만약 내담자의 감정이 격한 상태라면 'Stop-Relax-Think'를 통해 내담자를 이완시킨 후 진행하여야 한다. 'Stop-Relax-Think'를 실행하는 방법은 '문제해결을 촉진하기'에서 정서가 격해진 경우에 대해 설명을 하고 있다(p.104~105 참조).

셋째, 문제를 명확하고 객관적인 언어로 표현하도록 한다. 이를 위해 문제를 행동으로 관찰이 가능하고 측정이 가능한 측면에서 말하도록 한다. 예를 들어 '지각을 너무 자주한다' 보다는 '지각을 일주일동안 네 번이나 했다', '식사를 하는데 시간이 많이 걸린다' 보다는 '식사를 하는데 한 시간이 걸린다', '아들이 병원에 같이 간다' 보다는 '한 달에 한번 병원에 약을 타러 가는데, 아들이 매번 동행한다' 등과 같이 표현한다.

넷째, 잘못된 가정은 문제를 잘못 정의하게 하므로 실제 일어난 일(사실)과 추정하는 내용(가정)을 구분해서 객관적인 사실만 다루어야 한다. 예를 들어 "갑순이는 나를 피하는 것 같다"는 내담자가 혼자서 추정하는 내용이지만, "갑순이에게 어제 전화를 세 번이나 했지만, 한 번도 받지 않았다"는 것은 실제 일어난 객관적인 사실이다.

잘못된 가정은 타인의 감정이나 생각 또는 의도를 추정하여 말하는 경우, 내가 중요하다고 여기는 몇 개 사실에만 집중하여 다른 중요한 사실을 무시한 채 결론을 내리는 경우, 한 가지 사소한 사건으로 전반적인 상황을 과도하게 일반화하는 경우, 사건의 부정적인 측면을 과장하는 경우, 그리고 내 삶의 잘못된 부분을 모두 내 탓으로 또는 타인 탓으로 돌리는 경우 등에서 일어난다. 한 예를 들면 "큰 아들이 며칠째 소식이 없는 걸보면 내가 지난번 만났을 때 잔소리한 것 때문에 화가 난거야", "병원에서 검사 결과를 아직 알려주지 않는 것은 내 병이 심각하기 때문이야", "나 때문에 내 아들이 너무나 고생하고 살았어" 등과 같은 내용들은 잘못된 가정에 해당한다.

다섯째, 문제가 너무 크고 복잡하다면, 현재 다룰 수 있는 작은 문제로 나누어서 다룬다. 예를 들어 집을 이사하는 문제로 엄두가 나지 않아서 골치가 아프고 초조하고 불안한 경우, 필요 없는 물건 정리하기, 이사짐 센터 알아보기, 이사 갈 집 도배와 청소하기, 도시가스와 에어컨 설치하기 등으로 문제를 작게 나누어 하나씩 차근차근 다루어가면 된다.

○ 노인 내담자의 문제 선정과 정의에서 드러난 어려움

노인 암환자와 독거노인을 대상으로 문제해결치료를 진행하면서 상담자나 노인 내담자가 가장 힘들어 하는 단계가 문제 선정과 정의를 하는 1단계임을 알 수 있었다. 상담자들은 노인 내담자들이 '문제가 없다'라고 답하는 경우 가장 어려웠다고 이야기하였다. 내담자가 이러한 반응을 하는 것은 '문제'라는 단어가 지닌, 문제는 불편하고 나쁜 것이라는 부정적인 이미지 때문이다. 그러므로 '문제'라는 단어에 대해 부정적인 반응을 보이는 내담자에게는 문제라는 단어 대신 '고충', '변화가 필요한 부분', '불편한 점', 또는 '개선되어야 할 부분' 등과 같은 다른 표현으로 물어보는 것이 바람직하다.

또 다른 어려움은 노인 내담자들이 장기화된 복잡한 문제를 1회기 또는 2회기에서 즉각적으로 다루길 원하는 경우이었다. 일부 노인 내담자들은 과거에 불우했던 삶이 우울의 원인이라고 생각하고 불우한 삶과 관련된 오래된 가족 간의 갈등이나 가정폭력, 재정 파탄에 이른 사건 등과 같은 실타래처럼 얽히고설킨 복잡한 문제들을 다루기를 원했다. 이러한 경우에 오랫동안 묵혀온 장기화된 문제는 작은 문제부터 해결하면서 문제해결능력을 충분히 키운 후에 다루기로 하고 미루는 것이 바람직하다.

2. 2단계: 목표 수립하기

○ 2단계의 목표

내가 '지금, 여기서' 성취할 수 있는 현실적인 목표를 세우는 것을 목표로 한다.

○ 목표 수립의 방법

목표를 세우기 위해 내담자에게 "무엇이 어떻게 바뀌기를 바라는가?"
라고 물어본다. 문제가 더 이상 문제가 아니게 된 상황, 또는 문제가 약화
된 상황이라면 무엇이 바뀔 것이라고 기대하는지 물어보고 그것을 목표로
설정하는 것이 적합하다. 그리고 큰 문제를 작은 것으로 나누어 시간과
노력을 들여서 빨리 쉽게 할 수 있는 것으로 설정하도록 한다.

임연옥(2018) 연구에 참여한 일부 사회복지사들은 목표를 수립함에 있
어서 어려움을 겪을 때 '척도 질문'을 활용하여 슬기롭게 목표를 설정하였
다. 척도 질문은 '0점'을 가장 최악의 상태, '10점'을 최상의 상태로 하는
척도를 이용하는 것이다. 즉, 지금 상태를 10점 기준으로 할 때 몇 점인지
물어보고, 현재 점수에서 몇 점정도 좋아지면 조금 편안해질 수 있을지
다시 물어본다. 그리고 그 정도 점수가 변화하기 위해서는 무엇이 어떻게
변하면 될지 물어본다. 또는 현재 상태에서 1~2점 올라가기 위해서 무엇이
어떻게 변하면 좋을지 물어본다.

3. 3단계: 브레인스토밍을 통해 다양한 해결방안 찾기

○ 3단계 목표

노인 내담자가 이제까지 문제해결을 위해 주로 사용해왔던 방법들, 즉,
문제를 가능하면 미루고 회피하거나, 충동적으로 문제를 해결하던 방식은

더 이상 효과적이지도 효율적이지도 않을 뿐만 아니라 오히려 문제를 해결함에 있어서 방해요인으로 작용함을 설명한다. 그리고 이전에 문제를 해결하던 방식들이 습관화 또는 패턴화되어 있어서 문제해결이 제대로 되지 않음을 인식시킨다.

3단계에서는 이제까지의 문제해결방식에서 벗어나기 위해, 창의성을 발휘한 브레인스토밍을 통해 다양한 해결방안들을 도출하는 것을 목표로 한다. 최선의 해결책을 찾기 위해서는 가능한 한 많은 해결방안들을 생각해내고, 그중에서 최상의 방안을 선택하는 것이 바람직하기 때문이다.

○ 브레인스토밍의 3원칙

브레인스토밍이 원활하게 이루어지도록 내담자에게 "목표를 달성하기 위해 생각나는 방안들이 있다면 거침없이 모두 이야기해주십시오. 각 방안에 대한 좋고 나쁜 점, 실행할 수 있을지 여부 등의 판단이나 평가는 미뤄두고 무엇이든 말씀해주세요"라고 요청한다. 그리고 다양한 해결방안을 찾아내기 위해 브레인스토밍을 함에 있어서 '양의 법칙', '판단금지의 원칙', 그리고 '다양성의 원칙'을 따른다.

첫째, '양의 법칙'은 다양한 해결방안이 있을 때 더 유용하다는 원리이다. 그래서 될 수 있는 대로 많은 해결방안을 만들어 보는 것이다. 노인 내담자가 진부한 해결방안, 평범한 해결방안, 또는 과거에 효과를 보았던 방안 등에 제한을 두지 않고 가능한 많은 해결방안을 제안하게 한다.

둘째, '판단금지의 원칙'은 더 좋은 해결방안을 모색하기 위하여 각각의 해결방안이 지닌 장단점이나 실행가능성 여부 등에 대한 평가는 잠시 보류하고, 가능한 많은 해결방안을 모두 생각해내도록 하는 것이다.

셋째, '다양성의 원칙'은 더 많은 다양한 해결방안을 생각하도록 독려하는 것이다. 해결방안 목록들을 다시 살펴보고 두세 개의 해결방안들을 결합하여 새로운 해결방안을 만들어내는 등 다양한 방안을 만들어낸다.

○ 해결방안을 생각해내기 어려워하는 경우

2017년 문제해결치료를 실행한 사회복지사들을 인터뷰한 내용 중에 해결방안을 쉽게 생각해내는 것을 어려워하는 노인 내담자가 "선생님이 저라면 어떻게 하겠어요?"라고 해결방안을 상담자에게 거꾸로 물어보는 경우들이 있었다. 이 경우 상담자는 즉각적인 답변을 피하도록 한다. 왜냐하면 상담자가 방안을 먼저 이야기하면 내담자가 문제해결을 상담자에게 의존하게 되어 자립적으로 문제에 대처하면서 개인적인 충만감이나 자기효능감을 느낄 수 있는 기회를 놓치게 되기 때문이다. 이때, 상담자는 자신은 내담자에게 사회적 문제해결능력을 향상시키고 문제해결기술을 가르쳐야 하는 역할을 함을 설명하고, 내담자가 아이디어를 낼 때까지 조용히 침묵하며 기다리도록 한다. 침묵이 길어지면 내담자는 심리적으로 불편함을 느껴 침묵을 깨기 위해 생각나는 것들을 이야기하기 시작할 것이다.

내담자가 해결방안을 도저히 생각해내지 못하여 어려움에 빠진 경우, 두 가지 방법을 활용할 수 있다. 첫째, 역할모델을 생각해본다. 이 문제를 이전에 경험했을 만한 사람이 누구인지, 그 사람이라면 이 문제를 어떻게 해결했을지 생각해보도록 유도한다. 또는 내담자가 훌륭하다고 생각하는 사람 또는 존경하는 사람이라면 이 문제를 어떻게 해결할지를 생각해보도록 한다.

둘째, 매우 어렵거나 심각하거나 혹은 자주 경험하지 않는 문제인 경우에는 인터넷에서 검색을 하거나, 주요정보처에 정보를 문의해보거나, 또는 전문가로부터 해결책에 대한 정보와 조언을 구해본다.

4. 4단계: 각 해결방안에 대한 장단점 살펴보기

○ 4단계 목표

효과적인 해결방안을 선택하기 위해 해결방안들의 장단점, 이득과 손실 및 비용 등을 살펴보는 것을 목표로 한다. 브레인스토밍을 통해 제시된 여러 해결방안들이 가져올 결과를 예측해보고 심각하게 부정적 결과가 나오거나 실행하기 매우 어려운 방안을 제외할 수 있다.

○ 해결방안 평가방법

해결방안을 평가하기 위해서 먼저 해결방안들을 대강 훑어본다. 그리고 다음과 같은 사항을 각 해결방안 별로 생각해본다.

① 이 해결방안이 문제를 해결하는가? 목표를 성취할 수 있는가?

② 이 해결방안을 시도하는 과정에서 어떤 이득과 손실이 생기는가? 또는 장점과 단점(시간, 노력, 돈, 타인과의 협력, 가족과 친구에게 미치는 영향 등)이 있는가? 또는 이 해결방안이 가져올 수 있는 긍정적인 결과와 부정적인 결과는 무엇인가?

③ 이 해결방안을 내가 실제 실행할 수 있을까?

④ 이 해결방안을 실행하는데 장애물은 무엇인가? 등을 생각해본다.

대부분의 내담자들은 해결방안의 단점이나 그로 인한 손해와 부정적인 측면을 금방 먼저 생각해 내는 경향이 있다. 그러므로 장점과 이득 등과 같은 긍정적인 측면부터 먼저 생각해보도록 독려한다. 그리고 각각의 해결방안에 대해 평가한 내용들을 이야기로만 나누지 말고, 작업지에 적어서 해결방안들의 장단점을 눈으로 직접 보고 비교할 수 있게 한다.

5. 5단계: 최선의 해결방안 선택하기

○ 5단계 목표

해결방안 각각에 대한 긍정적인 측면과 부정적인 측면을 비교하여 단점을 최소화하면서 목표를 달성할 수 있는 해결방안을 선택하는 것을 목표로 한다.

○ 최선의 해결방안 선택 단계

4단계에서 제안한 여러 해결방안들 중에서 '최선의 해결방안은 무엇인가?'라는 질문에 대한 답을 찾을 수 있도록 다음과 같은 점들을 고려한다.

먼저, 작업지에 적힌 여러 해결방안들과 장단점, 이득과 손실 및 비용 등을 전반적으로 다시 훑어본다. 이는 최선의 해결방안을 즉흥적으로 또는 직감으로 선택하는 것을 방지하기 위해서이다.

둘째, 심각하게 부정적인 결과를 가져오거나 실행하기 어려운 해결방안을 제외시킨다.

셋째, 단점을 최소화면서 목표를 달성할 수 있는 해결방안을 선택한다.

실행하기 쉬운지 여부보다는 목표를 달성할 가능성이 높은 해결방안을 선택한다.

마지막으로 선택된 해결방안을 실행할 경우 결과가 어떻게 나올지를 예측해본다. 즉, 해결방안이 자신과 타인에게 미칠 장기 및 단기 영향이 무엇인지 생각해본다.

6. 6단계: 실행계획을 만들어 해결방안을 실행하기

○ 6단계 목표

선택된 최선의 해결방안을 실행하기 위해서 실행에 필요한 구체적인 행동이나 작업, 또는 절차들을 세밀하게 생각해보고 실행계획을 자세히 만드는 것을 목표로 한다.

○ 실행계획을 만들어야 하는 이유

해결방안의 실행은 실제 문제상황에서 해결방안을 직접 실천으로 옮기는 과정이다. 그런데 실행계획을 실행하는 것은 상황에 따라 매우 다양하게 펼쳐진다. 따라서 문제해결단계가 지금까지 잘 이루어져 왔을지라도 해결방안을 실행에 옮기는 것도 반드시 잘 된다고 장담하기가 어렵다.

전 단계에서 최선의 해결방안을 선택했지만, 이를 실행하려고 하면 노인 내담자가 주저하거나 자신이 없어 하거나 두려워하는 반응을 보일 수 있다. 이는 해결방안을 실행하는 과정이 복잡하다고 여겨지거나 번거롭게 여겨지는 경우, 어떻게 실행을 할지 막막한 경우, 해결방안을 실행에 옮기는데 필요한 구체적인 정보나 절차를 제대로 알지 못하는 경우 등의 상황에서 나오는 반응이다. 따라서 해결방안을 실천함에 있어서 필요한 사항들과 절차 등을 생각해보고 실행계획을 세우며, 필요하다면 실행과정을 연습을 하거나, 상상 속에서 시도해봄으로서 실천 가능성을 높여야 한다.

○ 실행계획 만들기

'해결방안을 구체적으로 어떻게 실천할까? 라는 질문에 대한 답을 찾기 위해 먼저 해결방안을 상상 속에서 실행을 해본다. 이를 통해 실행을 어떤 순서로 어떻게 해야 할 지, 실행을 위해 필요한 것이 무엇인지 구체적으로 알게 된다. 그 다음에는 이러한 내용들을 바탕으로 실행계획을 만들 수 있다. 실행계획에는 날짜, 시간, 필요한 도구와 도움, 해야 할 행동목록과 그 순서, 말할 내용, 타인에게 요청할 도움 등을 포함하게 된다.

그리고 실행계획에 따라 실행한다면 문제가 충분히 해결되어 목표를 달성할 수 있을 것인지를 검토한다. 성공적인 결과를 가져오기 위해서는 실행계획을 세울 때 서두르지 말고 충분한 시간을 갖도록 한다.

○ 실행계획의 실천을 위한 준비

내담자가 실행계획을 실천하는데 자신감이 없는 경우, '역할극', '상상 리허설', '순서도 작성하기' 등과 같은 실행 연습을 통해 자신감을 키울 수 있다. '역할극'은 상담자와 내담자가 역할을 나누어 맡아서 예상되는 행동이나 말 등을 함께 해보는 작업이다. '역할극'은 내담자가 가상적인 상황에서 역할을 해봄으로써 행동을 어떻게 해야 할지, 어떤 말을 해야 할지 등의 구체적인 준비사항이 드러나고 이를 미리 대비할 수 있게 된다.

'상상 리허설'은 이미지 트레이닝이다. 문제해결을 위한 계획들을 실행함에 있어서 생길 수 있는 모든 상황을 떠올리고 각 상황에 대한 대처방식을 상상해보는 것이다. 이것은 비디오테이프를 보는 것처럼 머릿속에서 상상을 통해 동작이나 대사를 계획하고 뇌 영역에서 반복해서 연습을 시켜두면 실제 상황에서도 거의 동일하게 행동을 옮기게 되는 원리이다. 그리고 상상으로 성공하는 경험을 쌓으면 실전에서도 떨지 않고 자연스럽게 실행에 옮기게 된다.

'순서도 작성하기'는 수행해야 할 행동이나 절차 등의 실행 순서를 한눈에 들어오게 도식으로 그리는 작업이다. 순서도는 프로그램이나 작업의 진행흐름을 순서에 따라 여러 가지 기호나 문자로 나타낸 흐름도이다. 따라서 순서도의 개념을 활용하여 문제해결을 위한 실행계획을 실천함에 있어서 필요한 행동이나 절차의 순서에 따라 글이나 그림으로 정리하면 된다. 그리고 실행과정에서 변수가 있을 수 있는데, 그러한 경우에 변수에 따른 각각의 흐름을 그려 넣을 수도 있다. 예를 들어 노인 내담자가 병원에 검사결과를 보러 가는 것에 엄두를 내지 못하고 주저할 경우, 다음 페이지에 제시된 예와 같이 해야 할 행동을 작게 나누어 순서에 따라 작성해볼 수 있다. 그리고 이러한 흐름에 따라 상상 리허설 역시 가능하다.

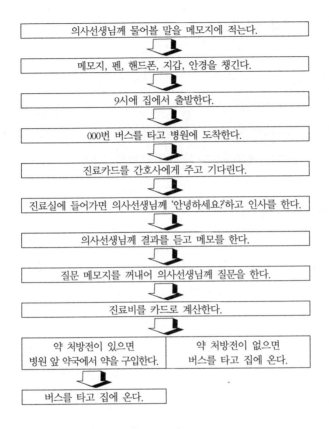

의사선생님께 물어볼 말을 메모지에 적는다.

메모지, 펜, 핸드폰, 지갑, 안경을 챙긴다.

9시에 집에서 출발한다.

000번 버스를 타고 병원에 도착한다.

진료카드를 간호사에게 주고 기다린다.

진료실에 들어가면 의사선생님께 '안녕하세요?'하고 인사를 한다.

의사선생님께 결과를 듣고 메모를 한다.

질문 메모지를 꺼내어 의사선생님께 질문을 한다.

진료비를 카드로 계산한다.

약 처방전이 있으면 병원 앞 약국에서 약을 구입한다.

약 처방전이 없으면 버스를 타고 집에 온다.

버스를 타고 집에 온다.

이와 같은 실행계획을 만드는 과정에서 해결방안에 대해 재평가를 할 수도 있고, 해결방안을 수정하거나 새로운 해결방안을 만들게 될 수도 있다. 그리고 6단계 마무리 시점에 상담자는 내담자에게 다음 회기까지 실행계획에 따라 실천해오는 것을 과제로 부여한다.

7. 7단계: 실행결과 평가하기

○ 7단계 목표

해결방안을 선택하고 실행계획을 세운 후, 그 계획이 성공했는지 확인하는 것은 중요하다. 6단계에서 세운 실행계획을 실천하는 과제를 했는지 여부와 그 결과를 객관적으로 평가하는 것이 7단계의 목표이다.

○ 실행결과 평가하는 방법

지난 회기에 과제로 준 실행계획을 실천한 결과를 물어본다. 목표를 달성했는지, 문제해결 결과에 대해 만족하는지 구체적으로 물어본다. 이 때 실행계획의 결과에 대한 만족도나 목표달성에 대한 만족도를 0점~10점의 척도질문으로 물어보는 것도 가능하다.

그런데 노인 내담자는 '성공했느냐?' 또는 '얼마나 만족하느냐?' 등의 질문에 대해 명확하게 답하려 하지 않으려는 경향이 있다. 이는 나이가 들수록 조심성이 증가하여 질문에 대해 중립을 지키려는 성향이 커지기 때문이다. 이러한 경우 목표를 설정하는 2단계에서 노인 내담자의 상태가 몇 점이었는지 물어보았다면, 실행계획을 실천한 후에 현재 몇 점이 되었는지 물어보고 그 변화정도로 목표달성여부를 평가하면 된다.

둘째, 실행계획을 실천함에 있어서 어떠한 노력을 하였는지, 그리고 실천을 하면서 또는 실천한 후에 어떠한 기분이 들었는지 물어본다.

셋째, 만약 실행계획을 실천하여 목표를 100% 또는 어느 정도 달성하였다면, 작은 성공이라도 칭찬하고, 이러한 문제해결과정을 통해 문제해결능력이 향상되고 있음을 강조한다. 그리고 문제가 어느 정도 해결된 경우,

다른 해결방안으로 문제해결을 다시 시도해볼 수도 있다.

마지막으로 성공적으로 문제를 해결하였다면 자기보상을 하도록 권한다. 즉, 실행계획을 실천하는 과정에서 들인 노력에 대해서도 자기 스스로를 칭찬하거나, 스스로에게 필요한 물질적인 보상 등을 하도록 한다.

만약, 실행계획을 실천하였지만 문제해결에 실패하였다면, 실패도 문제해결과정 중의 하나이고 삶의 부분이며, 그러한 시도 속에 내담자가 문제에 대응하는 잠재력이 향상되고 있음을 설명해준다.

문제가 해결되지 않았는데 내담자가 원한다면, 다른 문제로 바꾸어 다룰 수 있다. 그런데 노인 내담자가 다시 그 문제를 다루고자 원한다면, 문제해결의 장애요인이 무엇이었는지 파악하여 문제를 다시 다룰지 여부를 결정한다. 왜냐하면 문제해결을 함에 있어서 장애요인이 많거나 시간이 너무 많이 걸린다면 문제를 바꾸는 것이 더 나을 수 있기 때문이다.

만약, 내담자가 실행계획을 실천하는 과제를 전혀 시도도 하지 못하였다면, 즉각적이고 직접적으로 이 부분을 다루어야 한다. 상담자는 내담자가 과제의 의미를 이해하지 못하였는지, 또는 과제를 실행하지 못하게 막는 장애물이 무엇인지 확인하여야 한다. 그리고 상담자는 회기 내에서 발전도 중요하지만, 과제를 실행함으로써 회기 간에 발전이 이루어지는 것이 중요함을 내담자에게 강조하여 다음 회기까지 다시 과제를 해올 수있도록 독려하여야 한다.

문제해결능력
향상을위한
상담의길잡이

04 문제해결 촉진하기

'문제해결능력 향상을 위한 상담'을 통해 내담자가 긍정적인 문제지향과 합리적이고 계획적 문제해결양식을 학습하도록 하는 과정에서 미처 예상치 못한 곤경에 빠진 상담자를 도울 수 있는 몇 가지 팁을 제시하고자 한다.

○ 문제해결이 어렵다고 부정적인 태도를 보이는 경우

문제는 삶의 정상적이고 피할 수 없는 부분으로 해결가능하다고 생각을 해야 한다. 문제의 특성에 대해 설명을 하였음에도 불구하고 내담자가 부정적인 문제지향을 가진 경우, 문제를 전혀 경험하지 않고 사는 친구나 친지들이 있는지 물어보거나, 역할놀이에 해당하는 The Devil's Advocate를 해본다.

The Devil's Advocate(악마의 옹호자)는 토론을 원활하게 하기 위해 일부러 반대 입장을 취하는 사람이 되어 보는 것을 말한다. 자신의 생각이나 판단이 틀렸을 가능성이 있음을 열어두고, 일부러 반대 입장이 되어서 이야기해보는 것이다. 따라서 문제에 부정적인 태도를 지닌 내담자에게 문제와 문제해결에 대해 긍정적인 측면에 대해 이야기를 해보도록 함으로써 문제에 대한 지향을 긍정적으로 전환시킬 수 있다.

그리고 내담자가 해결이 불가능하다고 단언하는 문제일 경우, 문제나 문제상황의 변화 가능한 측면에 초점을 맞추도록 한다. 우리는 문제를 효과적으로 해결할 수 있는 능력을 가지고 있으며, 비록 완벽한 해결책을 찾을 수는 없을 지라도 적어도 부분적으로 그리고 유의미하게 작용할 수 있는 수많은 효과적인 방안들이 있을 수 있으므로 하나씩 차근차근 시도해볼 수 있음을 설명한다.

○ 정서상태가 격해지는 경우

문제해결 첫 단계에서 부정적인 감정이나 생각을 하거나 또는 신체적 불편함이나 증상이 나타나는 경우, 내담자의 정서상태가 더 격해지지 않도록 하고 내담자가 객관적으로 생각하도록 도와야 한다.

이때, 'Stop-Relax-Think' 과정을 갖도록 한다. 먼저, 상담자가 빨간 깃발을 들거나 또는 아래의 그림 예시처럼 '잠깐'이라는 단어가 쓰인 종이판을 보임으로써 이야기를 멈춘다.

그리고 이완을 위해서 내담자에게 눈을 감고 자신을 편안하게 하는 아름다운 장면을 생각하도록 지시한다. 배에 공기가 가득 찰만큼 코로 숨을 깊이 들이 마시도록 한 후 숨을 멈추고 마음속으로 숫자 다섯까지 천천히 세도록 한다. 그 후 천천히 호흡을 입으로 내뱉도록 하면서 자신의 숨소리에 귀를 기울이게 한다. 15초 정도 기다렸다가 이 과정을 다시 3~4번 반복하도록 한다.

상담자가 이야기를 멈추게 한 후 사용할 수 있는 이완을 위한 또 다른 간단한 방법 중의 하나는 내담자에게 물이나 차 한 잔을 권하여 마시게 함으로써 긴장을 풀게 할 수 있다.

내담자가 어느 정도 이완이 되고 차분해지면 객관적으로 생각하도록 방향을 전환시킨다. 이러한 과정을 통해 내담자는 현재하고 있는 작업에 집중할 수 있게 될 것이다.

○ 지난 삶에 대한 이야기를 장황하게 늘어놓는 경우

문제해결치료를 실행한 젊은 사회복지사들이 경험한 고충들 중의 하나는 노인 내담자가 자신의 삶의 굴곡진 긴 이야기를 허심탄회하게 털어놓고, 그 이야기를 더 자주, 더 많은 시간을 할애해서 이야기하고 싶어 한다는 점이었다(임연옥, 2019). 더욱이 문제해결치료를 진행하는 중간에 또는 과제로 부여된 실행계획을 실행하지 못하였거나 실패한 경우에, 과거 삶의 이야기, 또는 다루고 있는 문제와 전혀 관련 없는 이야기를 불쑥 끄집어내어 장황하게 이야기함으로써 상담자를 종종 어렵게 하였다.

노인 내담자의 이야기를 끊기 어려운 난감한 상황에 처할 경우, 앞에서 정서가 격해졌을 때 언급한 '잠깐(Stop)' 사인을 보여주면서 내담자의 이야기를 중단시킨다. 그리고 1회기에 설명했듯이 본 상담과 일반 상담 간의 차이를 설명하고, 각 회기에 주어진 시간이 매우 짧아서 모든 문제에 대해 충분히 이야기를 들어줄 수 없는 안타까움을 진심으로 이야기하여야 한다. 또한 노인 내담자의 인생사를 충분히 경청해주고 지지해주는 것으로는 그 문제가 해결되지 않는다는 점을 인식시켜야 한다. 그럼에도 불구하고 지난 삶의 이야기를 계속 이야기하고 싶어 하는 경우에는 상담 회기와는 별도로 일정을 잡아서 이야기를 할 수 있는 기회를 만들어야 한다.

○ 문제해결단계를 학습하기 어려워하는 경우

노인은 젊은 사람에 비해 새로운 것을 배울 경우 더 많은 반복 연습이 필요하다. 노인 내담자가 문제해결단계를 익히는데 어려워할 경우, 모든 내담자에게 회기를 6회기, 8회기, 12회기 등으로 고정하지 말고, 노인의 인지능력이나 주의집중력에 따라 회기 수를 늘려 문제해결과정을 여러 번 반복해서 연습할 수 있도록 하거나 한 회기 진행시간을 10분 정도 늘려 40분 동안 진행하면서 문제해결과정을 충분히 다루는 것이 바람직하다.

○ 노인 내담자의 특성을 고려한 진행

문제해결치료를 실행한 젊은 사회복지사들이 경험한 또 다른 고충은 노인 내담자가 주의를 집중할 수 있는 시간이 짧아서 이야기하던 도중 문제와 상관없는 지엽적인 이야기로 빠지는 경우가 종종 있다는 점이다. 이럴 경우 '잠깐(Stop)' 사인을 보여주면서 내담자의 이야기를 일단 중단시키고, 본 상담을 통해 모든 문제에 대해 자세히 이야기할 시간이 충분하지 않음을 설명한 후 회기에 재 집중시켜야 한다.

그리고 시력저하, 노인성 난청 및 인지력 저하와 같은 노인의 특성을 고려하여 큰 글씨의 인쇄물 등을 제공해야 할 뿐만 아니라 상담자는 목소리 톤과 이야기 속도 등을 조절해야 한다.

○ 작업지 활용하기

작업지는 내담자 머릿속에 들어있는 여러 생각을 글 또는 그림으로 정리하여 자신이 가지고 있는 정보를 가시화하는데 도움을 준다. 작업지에 내담자의 현재 상태, 문제나 문제상황, 목표, 해결방안과 그 장단점, 최선의 해결방안 결정, 실행계획, 해결방안의 실행결과 등을 한 눈에 볼 수 있도록 적을 수 있다. 일반적으로 작업지를 A4 크기로 준비하지만, 시력이 저하된 노인에게는 작업지의 글씨가 적을 수 있고, 글씨를 쓰기에 작업지 공간이 충분히 크지 않을 수 있다. 그러므로 노인 내담자가 작성하기 편하도록 작업지를 A4보다 큰 종이로 확대하여 준비하는 것을 권한다.

제5장

효율적인 상담 진행을 위한 길잡이

대상자 선별 방법

1. PHQ-9를 활용하여 노인 우울 평가하기

※ 지난 2주일 동안 다음과 같은 문제를 얼마나 자주 겪었는지 해당되는 란에 "√표 해주십시오.

	문 항	전혀 없음	며칠 동안	일주일 이상	거의 매일
1	무슨 일을 하는데 있어 흥미나 재미를 거의 느끼지 못한다.				
2	기분이 처지거나, 우울하거나, 희망이 없 다고 느낀다.				
3	잠들기 어렵거나, 계속 잠들기 힘들거나, 혹은 너무 많이 잔다.				
4	피곤하다고 느끼거나, 기운이 거의 없다.				
5	식욕이 거의 없거나, 아니면 너무 많이 먹 는다.				
6	내 자신이 싫거나, 자신을 실패자로 여겨 지거나, 자신이 내 자신이나 가족을 실망 시킨다고 생각한다.				
7	무슨 일에(신문읽기, TV보기 등) 집중하기 어렵다.				
8	움직임이나 말이 너무 느려 남들이 알아 차릴 정도다. 아니면, 안절부절 못하거나 가만히 있지 못하여 보통 때보다 더 많이 돌아다닌다.				
9	차라리 죽었으면 더 낫겠다는 생각을 하 거나, 어떻게든지 자해를 하려는 생각을 한다.				

* PHQ-9 점수 계산 방법

'전혀 없음'= 0점, '며칠동안'=1점, '일주일이상'=2점, '거의 매일'=3점'으로 총
점을 계산한다.

총점 0~4점: 우울이 전혀 아니다.

총점 5~9점: 가벼운 우울로 일상생활에 지장을 줄 정도는 아니다.

총점 10~19점: 중간정도의 우울로 개입이 요구된다.

총점 20~27점: 심한 우울로 전문적인 치료가 필요한 수준이다.

2. 사회적 문제해결능력 평가하기

※ 다음에 나오는 글들은 우리가 일상생활에서 당면하게 되는 문제들에 대하여 당신이 어떻게 생각하고 느끼고 행동하는지에 대한 것들을 모아놓은 것입니다. 각 문항에 대해 자신의 생각과 일치하는 것 하나를 골라 오른쪽의 답란에 "√표 하세요.

	문항	전혀 그렇지 않다	대체로 그렇지 않다	보통 이다	대체로 그렇다	매우 그렇다
1	중요한 문제가 생겼을 때, 두려움을 느낀다.					
2	결정을 할 때, 내가 확인할 수 있는 모든 해결책에 대해 꼼꼼히 확인하지 않는다.					
3	중요한 결정을 할 때, 나 자신에 대해 확신을 하지 못한다.					
4	문제를 해결하기 위한 첫 번째 시도가 실패했을 때, 포기하지 않는다면 문제해결에는 당연히 성공할 것이라고 믿는다.					
5	나의 문제들은 해결될 수 있다고 믿는다.					
6	문제를 나 스스로 해결해 보기 전에 문제가 저절로 해결되는지 보려고 기다린다.					
7	문제를 해결하기 위한 첫 번째 시도가 실패했을 때, 나는 매우 좌절한다.					

8	내가 아무리 노력한다 해도, 어려운 문제를 해결할 수 있을지는 의심스럽다.				
9	문제해결을 가능한 한 뒤로 미룬다.				
10	문제해결을 회피하기 위해 그 문제가 아닌 다른 일을 한다.				
11	어려운 문제들은 나를 아주 기가 죽게 만든다.				
12	결정을 할 때, 각 해결책의 앞뒤를 예측해 보려고 한다.				
13	문제가 생겼을 때, 피하지 않고 가능한 빨리 그 문제를 해결하려고 한다.				
14	내가 열심히 노력하기만 한다면, 어려운 문제들을 내 스스로 해결할 수 있다고 믿는다.				
15	나에게 문제가 있을 때, 그 문제에 대해 가능한 한 많은 사실을 모은다.				
16	너무 늦어서 아무것도 할 수 없게 될 때까지 문제해결을 미룬다.				
17	문제를 해결하기보다는 문제를 회피하는데 더 많은 시간을 보낸다.				
18	문제를 해결해 보려고 하기 전에 내가 무엇을 하는지를 정확히 알도록 목표를 먼저 세운다.				

19	결정을 할 때, 각각의 결정에 대해서 생각해 볼 시간을 내지 않는다.					
20	문제를 해결하고 나서, 그 문제가 얼마나 더 나아졌는지를 보기 위해 확인한다.					
21	나의 문제를 도전해 볼만한 것으로 보려고 한다.					
22	문제를 해결할 때, 여러 가지 가능성에 대해서 생각한다.					
23	결정을 할 때, 결과가 어떠한 것인가에 대해서 생각하지 않고 그냥 직감에 따라 한다.					
24	결정을 할 때, 마음이 너무 급해서 행동하기가 어렵다.					

* 점수 계산 방법

'전혀 그렇지 않다'=1점, '대체로 그렇지 않다'=2점, '보통이다' =3점, '대체로 그렇다'=4점, '매우 그렇다'=5점으로 계산한다.

충동적 문제해결양식: 4개 문항의 점수를 더하여 4로 나누어 평균을 계산한다.

나머지 4개 차원: 5개 문항 점수를 더하여 5로 나누어 평균을 계산한다.

차원	해당 문항
합리적 문제지향	4. 5. 13. 14. 21.
부정적 문제지향	1. 3. 7. 8. 11.
합리적 문제해결양식	12. 15. 18. 20. 22.
충동적 문제해결양식	2. 19. 23. 24.
회피적 문제해결양식	6. 9. 10. 16. 17.

3. 대상자에게 참여 권하기

본 상담의 주요 대상자는 PHQ-9 점수가 10~19점인 중간정도의 우울을 보이는 노인이지만, 5점 이상인 경미한 수준의 우울을 보이는 노인도 우울 예방 차원에서 참여가 가능하다. 그리고 건강한 노인일지라도 의사결정에 어려움을 겪는 경우 참여할 수 있다.

우리 인생은 도전의 연속이고 해결해야 할 문제가 끊임없이 계속됩니다. 때로는 문제들이 결코 끝나지 않을 것같아 더 우울해지곤 합니다.

우리가 삶 속에서 마주치는 문제는 우리를 뜻하지 않은 곤란에 빠지게 하는데, 갑작스럽게 일어나기도 하고, 개인적인 문제에서 시작될 때도 있고, 가족이나 친구, 직장 동료나 이웃과의 관계 속에서 일어나기도 합니다.

문제를 효과적으로 잘 해결하는 것과 삶에 대한 전반적인 만족도가 밀접하게 연관되어 있음을 많은 국내외 연구들이 보고하고 있습니다. 그래서 삶에서 계속해서 일어나는 수많은 문제들을 어떻게 대처할 것인지 배우는 것은 매우 중요합니다.

효과적으로 문제를 잘 해결하는 사람은 문제를 자신을 위협하는 것으로 여기기보다는 성장할 수 있는 기회로 생각합니다. 그리고 문제를 회피하고 문제해결을 계속 미루기 보다는 문제를 해결할 수 있다는 자신감을 가지고 충분히 여러 가지를 고려하여 계획적이고 체계적으로 문제를 풀어나 갑니다.

따라서 본 상담 프로그램은 (   )님이 문제에 부딪혔을 때 보다 문제를 잘 해결할 수 있는 능력을 가지도록 돕고자 하며, 본 상담 프로그램에 참여하시길 권합니다. (   )님은 본 상담에 참여하시는 것에 동의하십니까?

문제해결능력 향상을 위한 상담 1회기

상담자가 '문제해결능력 향상을 위한 상담'의 전반적인 구조를 파악할 수 있도록 1회기에 해야 할 주요 사항을 정리하였다. 상담자는 아래의 표를 상담내용에 대한 체크리스트로 활용함으로써 상담을 충실하고 효율적으로 진행할 수 있을 것이다. 이와 함께 1회기 전반부 30분 문제해결 원리를 설명하는 스크립트를 제공하여 상담자를 돕고자 한다.

1. 1회기의 구조

회기	주제	상세 내용
1회기	문제해결 치료의 원리와 문제해결 단계 설명하기 (30분)	• 환영 인사하기 • 상담자 소개하기 • 상담에 대한 오리엔테이션(총 회기 수, 회기별 시간, 회기 간격, 작업지 활용, 과제 부여 등) • 상담 목적 설명하기 • 문제에 대해 설명하기 • 우울 관련 증상에 대한 설명하기(그림자료 이용) • 우울과 문제해결 간의 관계 설명하기(그림자료 이용) • 문제해결 7단계 설명하기(그림자료 이용) • 즐거운 활동 과제 설명하기
	문제해결 7단계 연습하기 (30분)	• 작업지 제시하기 • 1단계: 문제 선정하고 문제 정의하기 • 2단계: 목표 수립하기 • 3단계: 다양한 해결방안을 찾기 • 4단계: 각각의 해결방안에 대한 장단점 살펴보기 • 5단계: 최선의 해결방안 선택하기 • 6단계: 실행계획을 만들어 해결방안을 실행하기

2. 1회기 전반부 스크립트

○ 상담에 대한 오리엔테이션

> 본 상담에 참여해주셔서 감사드립니다.
>
> 저는 (　　　)에서 일하는 (　　　)입니다.
>
> (　　　)님과 저는 오늘부터 시작해서 모두 (　)번 만날 예정입니다.
>
> 오늘 첫 회기는 60분 동안 진행될 것이며, 다음 회기부터는 30분씩 진행될 예정입니다. 1회기와 2회기는 한 주내에 실시하고, 나머지 다른 회기들은 주 1회 실시하게 될 것입니다.
>
> 본 상담은 (　　　)님의 문제를 해결하는 능력을 향상시키기 위해 마련된 프로그램입니다. 한 회기에 문제 한 개를 해결하려고 하지만, 때로는 2회기에 걸쳐서 해결할 수도 있습니다.
>
> 그리고 문제해결을 돕기 위해 작업지(작업지를 보여주면서)를 활용할 수 있으며, 매 회기마다 작은 과제들을 드립니다. 이 과제들을 일상생활에서 직접 실천하시고, 실천한 내용은 다음 회기에 만나서 이야기를 나누게 됩니다.
>
> 여기까지 이해하셨는지요? 혹시 질문 있으세요?

○ 상담 목적 설명

> 우리 삶 속에서 수없이 많이 그리고 끊임없이 일어나는 문제들을 어떻게 대처할 것인지 배우는 것은 매우 중요합니다. 문제해결능력을 향상시키기 위한 상담에 참여함으로써 (   )님을 우울하게 만드는 문제를 해결하는 것뿐만 아니라 문제를 해결하는 방법을 익히게 될 것입니다.
>
> 그래서 이 프로그램을 마칠 즈음이면 어떠한 문제에 부딪힐지라도 스스로 혼자서 문제를 잘 다룰 수 있게 되어 좋은 기분을 유지하며 일상생활을 하시게 될 것입니다.

○ 문제에 대해 설명하기

> '문제'란 현재의 내 상태와 내가 원하는 상태 간에 차이가 있음을 의미합니다. 그래서 실은 문제는 삶의 정상적인 부분이며, 어느 누구도 피할 수 없습니다.
>
> 오히려 문제나 문제상황은 우리가 새로운 것을 배워서 개인이 성장할 수 있고, 자신의 삶을 더 좋게 변화시킬 수 있는 기회가 될 수 있습니다. 문제를 해결하기 위해 아무런 노력이나 행동을 전혀 하지 않는 것보다는 일단 도전하고 실패하는 것이 더 나을 수 있습니다.
>
> 문제를 해결할 방안은 반드시 있고, 우리 스스로 그것을 찾아낼 수 있습니다. 그런데 우리가 문제해결을 위한 방안을 찾아내기 위해서는 시간을 들이고 끈기를 가지고 노력해야 합니다.
>
> 이해하기 어려운 부분이 있다면 다시 설명 드리겠습니다. 혹시 어떤 부분이 이해하기 어려우셨는지요?

○ 우울 관련 증상에 대한 설명하기

이제 우울증상에 대해 이야기를 해보고자 합니다. 우울한 사람들은 정서적으로, 인지적으로, 그리고 신체적으로 여러 증상을 보입니다.

(우울증상 그림을 보여주면서) 정서적으로는 기분이 저조해지거나, 삶의 흥미가 줄어들거나, 부정적인 생각이 들거나, 무가치함이나 절망감을 느끼기도 하며, 의욕이나 집중력이 떨어지거나, 불안감을 느끼거나, 삶의 가치를 잃어버리거나, 드물게는 죽음을 생각하기도 합니다. 그리고 우울해지면 장시간 집중하기 어려워지고, 기억력도 떨어지기도 합니다.

신체적으로는 식욕을 상실하거나, 무기력하고 피곤하며, 불면증으로 잠을 자지 못하거나 잠을 너무 많이 자는 과다수면 현상을 보이기도 합니다. 그리고 두통, 어깨 근육통이나 흉통, 요통 등과 같은 통증을 경험하거나 소화불량이거나 현기증을 경험하기도 합니다.

그런데 이렇게 신체적으로 느끼는 불편함은 우울에 의한 것일 수 있습니다. 우리의 신체상태가 우울과 밀접하게 연결되어 있기 때문입니다.

○ 우울과 문제해결 간의 관계 설명하기

　　누구나 문제를 가지고 있습니다. 그런데 우리는 문제가 너무 많거나 문제를 어떻게 다루어야 할지 모를 때 우울해지곤 합니다. 감정적으로 또는 신체적으로 불편함을 느낀다면 그것은 문제가 존재한다는 단서일 수 있습니다.

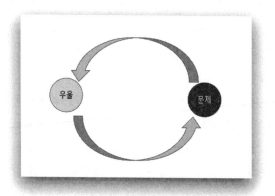

　　(우울과 문제 간의 관계 그림을 보여주면서) 우리가 우울할 때에는 문제를 회피하고 아무것도 하지 않으려고 하는 경향을 보입니다. 즉, 문제가 된 상황을 내 힘으로 통제할 수 없다는 생각에 빠져 고민만 하고 아무런 행동을 취하지 않다면 어떤 문제도 해결되지 않습니다. 따라서 스스로 문제를 해결할 수 없음을 느끼게 되면 더욱 우울하게 됩니다.
　　결국 문제를 앞에 두고 아무 것도 시도하지 않는다면, 기분상태는 더욱 나빠지게 될 것입니다. 이와 같이 우울과 문제해결은 서로 악순환의 관계에 놓여 있습니다.
　　이러한 우울과 문제 간의 돌고 도는 악순환 관계를 깰 수 있는 방법이 있다면, 저와 함께 노력해 보시지 않겠어요? 그러면 문제를 해결하고 우울에서 벗어날 수 있습니다.

○ 문제해결 7단계 설명하기

( )님의 문제해결능력을 향상시키기 위한 본 상담이 어떻게 진행될지 궁금하시지요? 이 상담은 일반적인 상담과는 다릅니다. ( )님이 가지고 있는 문제에 대한 이야기를 하는 것이기는 하지만, 문제해결 7단계에 따라 작업을 함께 진행하면서 문제를 해결해나가도록 구성되어 있습니다.

따라서 문제와 직접적으로 관련이 적은 이야기는 하지 않을 것입니다. 한 회기 진행시간이 30분으로 제한되어 있어서 본 상담과 직접적으로 관련된 이야기에만 집중하게 될 것입니다.

(문제해결 7단계 그림을 보여주면서) 7단계는 다음과 같이 진행됩니다.

1단계에서는 현재의 부정적인 기분상태를 일으킨 문제를 파악하고, 그 문제를 명확하고 객관적으로 정의합니다.

2단계에서는 문제를 해결하기 위해 현실적이고 성취 가능한 목표를 수립합니다.

3단계에서는 브레인스토밍을 통해 다양한 많은 해결방안들을 찾아봅니다.

4단계에서는 각각의 해결방안에 대해 장단점을 살펴봅니다.

5단계에서는 해결방안들을 평가하고, 실행 가능한 최선의 해결방안을 선택합니다.

6단계에서는 해결방안을 제대로 실행할 수 있도록 실행계획을 만들고, 실천해오는 것을 과제로 하게 됩니다.

마지막 7단계에서는 과제를 점검하고 그 결과를 평가합니다.

○ '즐거운 활동' 과제 설명하기

마지막으로 과제에 대한 이야기를 하려고 합니다. 각 회기마다 다음 회기까지 즐거운 활동을 해오는 것을 과제로 드리게 될 것입니다.

일반적으로 사람들은 즐거운 활동이 부족하면 우울에 빠지게 되고, 우울에 빠지면 즐거운 활동을 덜하게 하게 됩니다. (즐거운 활동과 우울 간 관계 그림을 보여주면서) 이렇게 돌고 도는 순환과정을 통해 우울은 더욱 심해지게 됩니다.

따라서 스스로 좋아하는 즐거운 활동을 생각해내고 실천 가능한 범위 내에서 하게 되면 기분도 좋아지고, 기분이 좋아지면 문제를 보는 시각과 문제를 해결하는 방법도 이전과 달라질 것입니다.

한마디로 즐거운 활동을 많이 할 수 있도록 기분이 좋아져 문제를 더 잘 해결하게 될 것입니다. 따라서 제가 매 회기 마지막에 즐거운 활동하기를 과제로 부여할 것입니다.

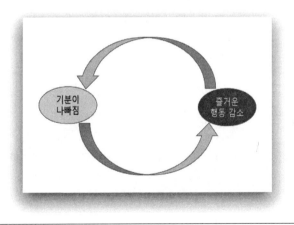

문 제 해 결 능 력
향 상 을 위 한
상 담 의 길 잡 이

회기	주제	상세 내용
2회기 ~ 마지막 회기 전	회기에서 다룰 주요 내용 설명하기	• 환영 인사하기 • 오늘의 진행 순서 설명하기
	과제 실천결과 확인하기 (5분 이내)	• 실행계획 실천결과 확인하기 • 즐거운 활동 실천결과 확인하기 • 성공 경험 강화하기 • 실패 원인에 따라 문제해결 재시도 또는 다른 문제로 전환하기
	문제해결 7단계 복습하기	• 7단계 그림/글을 보고 함께 읽거나 써보기 (그림자료 제시)
	문제해결단계 연습하기	• 1단계: 문제 선정하고 문제 정의하기 • 2단계: 목표 수립하기 • 3단계: 다양한 해결방안 찾기 • 4단계: 각 해결방안에 대한 장단점 살펴보기 • 5단계: 최선의 해결방안 선택하기 • 6단계: 실행계획 만들어 해결방안 실행하기
	과제 부여하기	• 즐거운 활동 계획한 후 과제로 부여하기 • 실행계획 실천하기 과제로 부여하기
	마무리하기	• 종결 2~3회기 전부터는 종결을 준비하기 • 다음 회기 일정 확인하기 • 마무리 인사하기

◎ 1단계: 문제 선정하고 문제 정의하기

주요 질문: 오늘/요즈음 기분이나 몸 상태는 어떠십니까?

① 현재의 정서상태나 몸 상태를 물어본다.

　부정적인 감정이 들거나 신체적으로 불편함을 느끼게 된 순간, 사건,
상황 등에 대해 이야기하면서 문제를 발견한다.

② 문제와 관련된 객관적인 정보를 파악한다. 문제나 문제상황에 누가 관
련되어 있는지, 어디서, 언제, 무슨 일이, 왜 일어났는지에 대해 이야기
한다.

③ 단순하고 명확하게 문제를 표현한다.

④ 문제를 행동으로 관찰 가능하고 측정 가능한 측면에서 기술한다.

⑤ 실제 일어난 일(사실)과 추정하는 내용(가정)을 구분하여 객관적인 사
실을 구분한다.

⑥ 문제가 너무 크다면 다룰 수 있는 작은 문제로 나누고, 작은 문제 중의
하나를 다룬다.

※ Tip: '문제'를 다른 언어로 표현하기
· 고충, 불편한 점, 변화가 필요한 부분, 개선될 부분 등의 다른 단어
로 표현한다.

◎ 2단계: 목표 수립하기

주요 질문: 무엇이 어떻게 바뀌기를 바랍니까?

① 문제가 더 이상 문제가 아니게 된 상황이 되려면, 또는 문제가 약화된 상황이 되려면 무엇이 바뀌면 될지를 물어본다.

※ Tip: 척도질문 활용하기

　0점을 가장 최악의 상태, 10점을 최상의 상태로 할 때,

· 지금의 상태는 10점 기준으로 할 때 몇 점입니까?

· 말씀하신 점수에서 몇 점정도 좋아지면 조금 편안하다고 느낄 것 같습니까?

· 그 정도 좋아지려면 무엇이 바뀌면 좋을까요?

---

② 목표는 실제 현실적으로 성취 가능한 것으로 세운다.

③ 목표는 작게 세운다.

④ 노력과 시간을 들여서 빨리 쉽게 목표를 달성할 수 있는 것부터 시작한다.

⑤ 목표를 정한 후에는 이 목표를 달성하는데 방해가 되는 것이 무엇인지 물어본다. 이때 가정과 사실을 구분해야 한다.

※ Tip: 목표 달성의 장애물

· 상충되는 목표 - 자신과 다른 사람들 간에 상충되거나 당신이 갖고 있는 반대되는 목표들로 우왕 좌왕하는 상황

· 자원의 부족 - 목표를 성취하는데 필요한 시간, 기술이나 자원의 부족

· 알려지지 않음 또는 익숙하지 않음 - 무엇을 해야 할지 알기 어려운, 예전에 겪어보지 못한 상황

- 복잡함 - 문제 특성이나 해결을 위한 절차나 방법이 매우 복잡하고 압도되는 상황
- 정서적 어려움 - 극복하기 힘든 정서적 반응으로 실패에 대한 두려움, 타인의 평가에 대한 두려움 등으로 선택, 결정, 행동을 못하는 상황
- 양가감정 - 동시에 긍정적, 부정적 감정을 가지는 상황
- 예측 불능 - 앞으로 일어날 일에 대해 몰라서 두려움이 큰 상황

◎ 3단계: 다양한 해결방안을 찾기

주요 질문: 목표를 달성하기 위한 방안들은 무엇입니까?

① 브레인스토밍을 통해 다양한 해결방안을 제안한다.

　브레인스토밍의 3원칙: '양의 법칙,' '판단금지의 원칙,' '다양성의 원칙'

② 해결방안을 상담자에게 거꾸로 물어보는 경우, 상담자의 역할이 문제
해결기술을 가르치는 것임을 설명하고, 내담자가 아이디어를 낼 때까
지 조용히 침묵하며 기다린다.

※ Tip: 해결방안 찾는 방법

· 역할모델 찾아보기

· 인터넷 검색, 전문가 조언 등 정보 찾아보기

◎ 4단계: 각 해결방안에 대한 장단점 살펴보기

주요 질문: 각각의 해결방안들이 지닌 장점과 단점은 무엇일까요?

① 브레인스토밍을 통해 제시된 해결방안에 대한 장단점, 이득과 손실 및 비용, 예상되는 결과 등을 평가한다.

> ※ Tip: 해결방안을 평가하는 방법
> - 이 해결방안이 문제를 해결하는가?
>   이 해결방안으로 목표를 달성할 수 있는가?
> - 이 해결방안을 실행하는 과정에서 이득과 손실 또는 장점과 단점(시간, 노력, 돈, 타인과의 협력, 가족과 친구에게 미치는 영향 등)은 무엇인가?
> - 이 해결방안은 내가 실제로 실행할 수 있는가?
> - 이 해결방안을 실행하는데 장애물은 무엇인가?

② 내담자는 해결방안에 대해 단점이나 손해가 되는 것을 먼저 쉽게 생각해내므로 장점이나 이득이 되는 것을 먼저 생각해보도록 독려한다.

◎ 5단계: 최선의 해결방안 선택하기

주요 질문: 여러 해결방안들 중에서 최선의 방안은 무엇이라고 생각합니까?

① 결정하기 전에 해결방안들을 전반적으로 훑어본다.

② 해결방안으로 문제를 해결할 수 있는지, 목표를 달성할 수 있는지, 실행이 가능한지를 생각해본다.

   - 심각하게 부정적인 결과가 나오거나 실행하기 어려운 해결방안은 제외 시킨다.

   - 단점을 최소화하면서 목표를 달성할 수 있는 해결방안을 선택한다.

   - 실행하기 쉬운지 여부보다 목표 달성 가능성이 높은 해결방안을 선택한다.

③ 선택한 해결방안을 실행했을 경우 결과를 예측해본다.

◎ 6단계: 실행계획을 만들어 해결방안을 실행하기

주요 질문: 해결방안을 구체적으로 어떻게 실천할까요?

① 선택된 해결방안을 실행하기 위해 필요한 구체적인 행동, 절차, 준비물이나 도움 등을 세심하게 생각해본다.

② 실행계획에는 실행에 필요한 날짜와 시간, 필요한 도구나 준비물, 해야 할 행동 목록과 행동 순서, 해야 할 대사, 도와줄 사람이나 자원 등을 포함한다.

※ Tip: 실행계획 연습하는 방법

· 순서도 작성

· 역할극

· 상상 리허설

---

③ 실행계획을 만드는 과정에서 해결방안을 재평가하게 되고, 해결방안을 수정하거나 새로운 해결방안을 만들게 될 수도 있다.

④ 다음 회기까지 실행계획을 실천해오는 것을 과제로 부여한다.

◎ 7단계: 결과 평가하기

주요 질문: 실행계획을 실천한 결과는 어떻습니까?

① 지난 회기에 세운 실행계획을 성공적으로 실천했는지 물어본다.

- 실행계획을 성공적으로 실천하였는가?

- 실행함에 있어서 어떠한 노력을 하였는가?

- 실행하면서 어떤 기분이 들었는가?

- 실행함으로써 기대한 목표를 달성했는가?

② 실행계획을 실천하여 목표를 100% 또는 어느 정도 달성한 경우

- 작은 성공이라도 칭찬한다.

- 문제해결과정을 통해 문제해결능력이 향상되고 있음을 강조한다.

- 성공적인 문제해결에 대해 자기보상을 할 뿐만 아니라 실행하는 과정에서 들인 노력에 대해서도 자기 보상을 하도록 한다.

※ Tip: 자기보상 방법

· 자기 자산을 칭찬하기

· 좋아하거나 갖고 싶은 물건 구입 등의 물질적 보상하기

---

③ 실행계획을 실천하였지만 실패한 경우

- 실패도 문제해결과정 중의 하나이고 삶의 부분임을 설명한다.

- 내담자의 문제에 대한 대응능력이 점차 향상되고 있음을 강조한다.

- 내담자가 원하면 실패한 문제를 다시 다룬다.

④ 실행계획을 아예 시도도 하지 못한 경우

- 과제의 의미를 이해하지 못하였는지, 또는 과제 실행에 있어서 장애
  물이 무엇인지 확인한다.
- 과제를 실행하면서 회기 간에 발전이 이루어지는 것이 중요함을 강조
  하고 다음 회기까지 과제를 해올 수 있도록 독려한다.

문제해결능력 향상을 위한 상담 마지막 회기

회기	주제	상세 내용
마지막 회기	회기에서 다룰 주요 내용 설명하기	• 환영 인사하기 • 오늘의 진행 순서 설명하기
	과제 실천결과 확인하기 (5분 내)	• 실행계획 실천결과 확인하기 • 즐거운 활동 실천결과 확인하기
	미처 해결하지 못한 문제 언급하기	• 해결하지 못한 문제에 대한 안타까움 표현하기
	우울증상 이야기하기	• 우울 징후 이야기하기(우울증상 그림자료 제시) • 우울 징후 대처 방법 이야기하기
	문제해결 성공경험 돌아보기	• 발전한 부분 이야기 나누기 • 성취한 것들 정리하기 • 자기효능감 강화하기
	미래의 가상문제 다루기	• 문제해결 7단계 복습하기(그림자료 제시) • 가까운 미래의 잠재된 문제/가상의 문제 이야기하기 • 일상생활에서 문제해결단계 적용을 강조하기
	상담 종료 후 사후관리 안내하기	• 위기상황에서의 기관 연락처와 담당자 이름 알려주기 • 사후관리 프로그램이 있다면 안내하기

문제해결능력
향상을위한
상담의길잡이

05 문제해결 촉진 방법

　간혹 상담 과정에서 예상치 못한 곤경에 빠진 상담자를 돕기위해 몇 가지 팁을 제시한다.

○ 문제해결이 어렵다고 부정적인 태도를 보이는 경우

> 문제는 삶의 정상적이고 피할 수 없는 부분으로 해결가능하다고 긍정적으로 생각을 해야 함에도 불구하고 내담자가 부정적인 문제지향을 가지는 경우

※ The Devil's Advocate(악마의 변호사, p. 103 참조)

※ 문제를 전혀 경험하지 않고 사는 친구나 친지가 있는지 물어본다.

※ 내담자가 해결이 불가능하다고 단언하는 문제일 경우, 문제의 변화 가능한 측면에 초점을 맞춘다. 우리는 문제를 효과적으로 해결할 수 있는 능력을 가지고 있으며, 비록 완벽한 해결책을 찾을 수는 없을지라도 문제영역에 적어도 부분적으로, 그리고 유의미하게 작용할 수 있는 수많은 효과적인 방안들이 있을 수 있으므로 하나씩 차근히 시도해볼 수 있음을 설명한다.

○ 정서상태가 격해지는 경우

> 문제해결과정에서 부정적 감정이나 생각, 신체적 증상으로 인해 감정이
> 격해지는 경우

※ Stop-Relax-Think: 상담자가 빨간 깃발을 들거나 또는 '잠깐'이라는 단어
가 쓰인 사인을 보임으로써 진행을 잠깐 멈춘다. 그리고 잠시 호흡을 가
듬거나(p.104~105 참조) 물 한잔을 마심으로써 긴장을 푼 후, 다시 객관
적으로 생각하도록 한다.

○ 지난 삶에 대한 이야기를 장황하게 늘어놓는 경우

> 상담자에게 자신의 삶의 굴곡진 긴 이야기를 허심탄회하게 털어놓고, 그
> 이야기를 더 자주, 더 많은 시간을 할애해서 이야기하고 싶어 하는 경우.
> 문제해결을 진행하는 중간에 갑자기 생각나는 과거 삶의 이야기나 주제
> 와 전혀 관련 없는 특별한 이야기를 불쑥 끄집어내어 장황하게 이야기함
> 으로써 상담자를 어렵게 하는 경우.

※ 1회기에 설명했듯이 각 회기에 주어진 시간이 매우 짧아서 모든 문제에

대해 충분히 이야기할 수 없어 안타까움을 설명하고, 내담자의 이야기를 중단시키고 회기에 집중시킨다.

※ 이야기를 충분히 경청해주고 지지해주는 것으로는 문제가 해결되지 않음을 인식시킨다.

※ 그럼에도 불구하고 지난 삶의 이야기를 하고 싶어 하는 경우에 본 상담 회기와는 별도의 상담일정을 잡는다.

○ 문제해결단계를 학습하기 어려워하는 경우

노인은 젊은 사람들과 달리 새로운 것을 배우기 위해서는 더 많은 시간, 주의집중, 반복이 필요한데 우울한 노인은 그러한 경향이 크다.

※ 회기 수를 늘리거나, 회기의 시간을 10분 정도 늘려서 문제해결단계를 여러 번 반복하여 교육하는 것이 바람직하다.

○ 노인 내담자의 특성을 고려한 진행

시력저하, 노인성 난청 및 인지력 저하의 노인인 경우

※ 큰 글씨로 작업지와 그림자료를 준비한다.

※ 상담자는 목소리 톤과 이야기 속도 등을 조절한다.

문제해결능력
향상을위한
상담의길잡이

06 문제해결능력 향상을 위한 작업지

일시	년 월 일 (요일)		
요즈음 기분이나 몸은 어떻습니까?	(정서상태/건강상태)		
무엇이 문제입니까?	(문제 또는 문제상황)		
무엇이 어떻게 바뀌기를 바랍니까?	(현실적인 목표)		
목표를 달성할 해결방안은 무엇입니까? 각 해결방안의 장단점은 무엇입니까?	방안	장점/이득	단점/손해
	1.		
	2.		
	3.		
	4.		
	5.		
	6.		
	7.		

최선의 해결방안은 무엇입니까?	(선택한 해결방안)		
해결방안을 어떻게 실천할까요?	실행 순서	실행을 위한 준비사항 등	
즐거운 활동 계획			
다음 상담일자	____월 __일 __요일 __시 장소:_____		
즐거운 활동 실천기록	일자	활동 목록	만족도(0~10점)
	월 일 (요일)		
	월 일 (요일)		
	월 일 (요일)		
	월 일 (요일)		
	월 일 (요일)		
	월 일 (요일)		
	월 일 (요일)		
실행계획을 실천한 결과는 어떻습니까?	(실행결과): 10점 만점으로 표현하면?		

〈참고문헌〉

구현지, 문경주, 오경자. 2007. 문제해결기술 훈련의 비행 감소 효과: 경미한 비행 청소년을 대상으로. *한국심리학회지: 임상,* 26(2): 345-364.

기백석. 1999. 노인 우울증. 노인병. 3(3): 61-71.

기백석, 최태영. 2004. 우울증과 통증. *대한우울조울병학회지,* 2(1): 22-29.

김단비, 조은선. 2020. 노인상담에 대한 노인들의 내적 지각 탐색 - CQR-M 방식을 활용하여 - *한국콘텐츠학회논문지,* 20(10): 369-384. https ://doi.org/10.5392/JKCA.2020.20.10.369

김정엽, 이재모. 2008. 저소득 여성노인과 일반여성노인의 생활스트레스와 우울의 관계 - 자아존중감과 사회적 지지의 조절효과를 중심으로. 노인복지연구, 39: 399-420.

김현순, 김병석. 2007. 노인의 자살생각에 대한 경로분석. *한국심리학회지: 상담과 심리치료,* 19(3): 801-819.

김홍석, 최이순, 장효강. 2013. 단축형 사회적 문제해결 검사의 타당화. *Korean Journal of Clinical Psychology,* 32(3): 611-625.

박경연. 2017. 한국판 Patient Health Questionnaire-9 (PHQ-9)의 신뢰성, 타당성 및 임상적 유용성. *글로벌 건강과 간호,* 7(2): 71-78.

박선철, 이화영, 심세훈, 이동우, 한상우 , 박상호, 김여주, 최재성, 정성원, 치소용, 나경세, 정희연, 권영준. 2013. 만성적인 신체질환이 있는 노인환자의 우울증 조기발견을 위한 병원기반 모델. *Korean J Biol Psychiatry,* 20: 31-40.

박성주, 박재황. 2008. 문제해결 단기상담 프로그램이 이혼위기 부부의 문제해결능력, 결혼불만족도 및 실제이혼에 미치는 효과. *상담학연구,* 9(4): 1819-1834.

박승진, 최혜라, 최지혜, 김건우, 홍진표. 2010. 한글판 우울증 선별도구 (PHQ_9)의 신뢰도와 타당도. *대한불안의학회지,* 6(2): 119-124.

박창중, 곽경필, 사공정규, 이광헌. 2013. 지역사회 거주 노인의 우울과 자살사고에 관한 연구. *생물치료정신의학,* 19(2): 163-170.

박현석, 등정영작, 이차임, 오정은, 홍성호, 조주연. 2006. 노인 환자에서 다양한 단축형 노인 우울척도의 비교. *가정의학회지*, 27: 364-369.

송영달, 손지아, 박순미. 2010. 독거노인의 자살생각에 영향을 미치는 생태체계적 요인 분석. *한국노년학*, 30(2): 643-660.

신윤경, 이창욱. 2002. 만성통증환자에서의 우울증. *대한통증학회지*, 15(2): 110-115.

양수, 정은숙. 2003. 현실요법 적용 집단 프로그램이 노인 우울과 자아통제성 및 스트레스 대처방식에 미치는 효과. *정신간호학회지*, 12(4): 512-523.

엄화윤, 이해정, 임연정. 2010. 문제해결 프로그램이 여중생의 문제해결능력, 자아존중감 및 우울에 미치는 영향. *정신간호학회지*, 19(3): 318-328.

오병훈. 2006. 노인 자살문제와 예방. *대한임상노인의학회 춘계학술대회자료집*, 88-92.

원장원, 2017.10.18. 닥터's 약장 약, 바르게 복용하여 부작용을 줄이자. https://www.mfds.go.kr/webzine/article.jsp?articleNo=54. 2021.3.9.접속.

유승훈, 최이순, 김홍석. 2013. 남성 도박중독자의 사회적 문제해결 연구. *Korean Journal of Clinical Psychology*, 32(3): 751-759.

윤현숙, 김여진, 최경원, 임연옥, 남일성, 김운정, 함혜진. 2018. 노인 암환자의 우울증에 대한 문제해결치료 프로그램 효과성. *대한임상건강증진학회지*, 18(1): 60-70.

윤현숙, 구본미, 이강, 이제연. 2010. 노인 우울증에 대한 문제해결치료의 효과성 연구. *한국노년학*, 30(3): 871-894.

이미정. 2002. 사회적 문제해결 훈련 프로그램의 개발 및 효과에 관한 연구. *한국심리학회지: 상담 및 심리치료*, 14(1): 199-218.

이미정. 2006. 청소년의 비행경험 수준에 따른 사회적 문제해결 훈련 효과. *한국심리학회지: 상담 및 심리치료*, 18(1): 71-91.

이정원. 2014. 그린캠프 입소자를 위한 문제해결치료 프로그램 효과성 연구. *Crisisonomy*, 10(11): 245-268.

이미정, 안창일. 1997. 우울한 사람들의 사회적 문제해결 능력과 태도. *Korean Journal of Clinical Psychology*, 16(2): 85-100.

이현숙, 이제정, 김상미. 2019. 고의적 자해 노인 환자의 우울증 관련 요인. *한국노년학*, 39(4): 883-893. https://doi.org/10.31888/JKGS.2019.39.4.883.

이혜선. 2018. 취업 스트레스를 경험하는 대학생을 위한 문제해결치료: 사례연구. *인지행동치료*, 18(3): 285-312.

이혜선, 권정혜. 2018 최신 문제해결치료의 이해와 활용. *인지행동치료*, 18(2): 225-246.

임연옥. 2018. 자살예방을 위한 독거 우울 노인 대상 문제해결치료 프로그램의 효과성. *Crisisonomy*, 14(1): 1-21.

임연옥. 2019. 독거노인 우울관리를 위한 문제해결치료 프로그램 진행과정 질적 분석. *Crisisonomy*, 15(4): 1-24.

정경희, 오영희, 강은자, 김경래, 이윤경, 오미애, 황남희, 김세진, 이선희, 이석구, 홍송이. 2017. *2017년도 노인실태조사*. 보건복지부, 한국보건사회연구원.

정윤희, 김희정. 2020. 노인 내담자의 상담경험에 관한 해석학적 현상학 연구. *한국심리학회지: 상담 및 심리치료*, 32(2): 693-723.

조미영, 이해정, 이화자, 박형숙. 2004. 문제해결 상담프로그램이 아동의 비만지수와 건강습관에 미치는 영향. *대한간호학회지*, 34(7): 1224-1233.

중앙자살예방센터. *2020. 2020년 자살예방백서*.

최이순. 2005. 알코올중독자의 사회적 문제해결훈련 프로그램의 효과. *한국심리학회지:임상*, 24(3): 475-493.

최이순. 2002. 사회적 문제해결 도구의 신뢰도 및 타당도 연구. *Korean Journal of Clinical Psychology*, 21(2): 413-428.

Alexopoulos, G. S., Raue, P., & Areán, P. A. 2003. Problem solving therapy versus supportive therapy in geriatric major depression with executive dysfunction. *American Journal of Geriatiric Psychiatry*, 11(1): 46-52.

Areán, Patricia A., Mark Hegel, Steven Vannoy, Ming-Yu Fan and Jurgen Unuzter. 2008. Effectiveness of Problem-Solving Therapy for Older, Primary Care Patients with Depression: Results from the IMPACT Project. *The Gerontologist,* 48(3): 311-323.

Areán, Patricia A., Michael G. Perri, Arthur M. Nezu, Rebecca L. Schein, Frima Christopher and Thomas X. Joseph. 1993. Comparative Effectiveness of Social Problem-Solving Therapy and Reminiscence Therapy as Treatments for Depression in Older Adults. *Journal of Consulting and Clinical Psychology,* 61(6): 1003-1010.

Areán, Patricia A., Patrick Raue, R. Scott Mackin, Dora Kanellopoulos, Charles McCulloch and George S. Alexopoulos. 2010. Problem-Solving Therapy and Supportive Therapy in Older Adults With Major Depression and Executive Dysfunction. *American Journal of Psychiatry,* 167: 1391-1398.

Barnes, S. M., L. L. Monteith, G. R. Gerard, A. S. Hoffberg, B. Y. Homaifar & L. A. Brenner. 2017. Problem-solving therapy for suicide prevention in veterans with moderate-to-severe traumatic brain injury. *Rehabilitation Psychology,* 62(4): 600-608.

Barrett, J. E., J. W. Williams, T. E. Oxman, W. Katon, M. Sullivan, M. T. Hegel, J. E. Cornell, & A. S. Sengupta. 2001. Treatment of dysthymia and minor depression in primary care; a randomized trial in patients aged 18 to 59 years. *Journal of Family Practice,* 50: 405-412.

Battle, J. 1978. Relationship between self-esteem and depression, *Psychol Report,* 42(3): 745-646.

Bell, Alissa C. and Thomas J. D'Zurilla. 2009. Problem-solving therapy for depression: A meta-analysis. *Clinical Psychology Review,* 29: 348-353.

Bradvik, Louise and Mata Berglund. 2009. Repetition and Severity of Suicide

Attempts across the Life Cycle: A Comparison by Age Group between Suicide Victims and Controls with Severe Depression. *BMC Psychiatry*, 29(9): 62. doi: 10.1186/1471-244X-9-62

Catalan, J., D. H. Gath, P. Anastasades, S. A. K. Bond, A. Day & L. Hall. 1991. Evaluation of a brief psychological treatment for emotional disorders in primary care. *Psychological Medicine*, 21: 1013-1018.

Chang, E. C., Thomas. J. D'Zurilla & L. J. Sanna. 2009. Social Problem Solving as a Mediator of the Link Between Stress and Psychological Well-being in Middle-Adulthood. Cognitive *Therapy and Research*, 33(1): 33-49.

Choi, Namkee G., Mark T. Hegel, Mary Lynn Marinucci, Leslie Sirrianni and Martha L. Bruce. 2012. Association between participant-identified problems and depression severity in problem-solving therapy for low-income homebound older adults. *International Journal of Geriatric Psychiatry*, 27(5): 491-499. doi: 10.1002/gps.2741.

Dowrick, C., G. Dunn, J. L. Ayuso-Mateos, O. S. Dalgard, H. Page, V. Lehtinen, P. Casey, C. Wilkinson, J. L. Vazques-Barquero, & G. Wilkinson. 2000. Problem solving treatment and group psychoeducation for depression: Multicenter randomized controlled trial. *British Medical Journal*, 321: 1-6.

D'Zurilla, Thomas J. 1986. *Problem-solving therapy: A social competence approach to clinical intervention.* New York: Springer Publishing.

D'Zurilla, Thomas J. & Marvin R. Goldfried. 1971. Problem solving and behavior modification. *Journal of Abnormal Psychology*, 78: 107-126.

D'Zurilla, Thomas J. & Arthur M. Nezu. 1982. Social problem solving in adults. In P. C. Kendall (Ed.), *Advances in cognitive-behavioral research and therapy*, 1: 202-274. New York: Academic Press.

D'Zurilla, Thomas J. & Arthur M. Nezu. 1990. Development and preliminary evaluation of the Social Problem-Solving Inventory. *Psychological Assessment: A Journal of Consulting and Clinical Psychology*, 2(2): 156-163.

D'Zurilla, Thomas J. & Arthur M. Nezu. 1999. *Problem Solving Therapy: A Social Competence. Approach to Clinical Intervention.* New York: Spring Publishing Company.

D'Zurilla, Thomas. J. and Arthur M. Nezu & Maydeu-Olivares, A. 1999. *Manual for the Social Problem Solving Inventory-Revised.* New York: Multi-Health System.

D'Zurilla, Thomas J. & Arthur M. Nezu. 2007. *Problem-solving therapy: A positive approach to clinical Intervention(3rd ed.).* New York: Spring Publishing Company.

D'Zurilla, Thomas J. & Arthur M. Nezu. 2010. Problem Solving Therapy. in Keith S. Dobson(Ed.), *Handbook of cognitive-behavioral therapies(3rd ed.).* New York: The Guilford Press.

D'Zurilla, Thomas J., Arthur M. Nezu & A. Maydeu-Olivares. 2002. *Manual for the Social Problem-Solving Inventory-Revised.* North Tonawanda. New York: Multi-Health Systems.

Eskin, Mehmet, Kamil Ertekin Hadiye Demir. 2008. Efficacy of a Problem-Solving Therapy for Depression and Suicide Potential in Adolescents and Young Adults. *Cognitive Therapy and Research*, 32: 227-245. DOI 10.1007/s10608-007-9172-8.

Fitzpatrick, K. K, T. K. Witte & N. B. Schmidt. 2005. Randomized Controlled Trial of a Brief Problem-Orientation Intervention for Suicidal Ideation. *Behavior Therapy*, 36: 323-333.

Han CS, Ahnjo SM, Kwak JH, Pae CU, Steffens D, Jo IH, et al. 2008. Validation of the patient health questionnaire-9 Korean version in the elderly population: the Ansan geriatric study. *Comprehensive Psychiatry*, 49(2): 218-23. https://doi.org/10.1016/j.comppsych.20 07.08.006

Harwood, Daniel Michael James, Keith Hawton, Tony Hope & Robin Jacoby. 2000. Suicide in Older People: Mode of Death, Demographic Factors, and Medical Contact before Death. *International Journal of Geriatric Psychiatry*, 15(8): 736-743.

Hegel, Mark. T & Patricia A. Areán. 2011. *Problem Solving Treatment for Primary Care(PST-PC): A Treatment Manual for Depression*. 2011 The Over 60 Program.

Irwin, M., K. H. Artin M. N. Oxman. 1999. Screening for depression in the older adult: criterion validity of the 10-item Center for Epidemiological Studies Depression Scale (CES-D). *Arch Intern Med*, 159(15):1701-4. doi: 10.1001/archinte.159.15.1701.

Kirkham, J.G., N. Choi & D. P. Seitz. 2016. Meta-analysis of problem solving therapy for the treatment of major depressive disorder adults. *International Journal of Geriatric Psychiatry*, 31(5): 526-535.

Lazarus, R. S. and S. Folkman. 1984. *Stress, Appraisal and Coping*. New York: Springer Publishing Company.

Lewinsohn, P. M., R. F. Muñoz, M. A. Youngren & A. M. Zeiss. 1986. *Control your depression. Reducing depression through learning self-control techniques, relaxation training, pleasant activities, social skills, constructed thinking, planning ahead and more.* Englewood Cliffs, NJ: Prentice-Hall.

Malouff, J. M., E. B Thorsteinsson & N. S. Schutte. 2007. The efficacy of problem solving therapy in reducing mental and physical health problems: A meta-analysis. *Clinical Psychology Review*, 27: 46-57.

Hegel, Mark T. & Patricia A. Arean. *Problem solving treatment for primary care(PST-PC): A Treatment manual For Depression.* http://uwaims.org/files/pst/PST-PC_Manual.pdf

Mynors-Wallis L. 1996. Problem-solving treatment: evidence for effectiveness and feasibility in primary care. *International Journal of Psychiatry Medicine,* 26(3): 249-62. doi: 10.2190/0HVY-CD2F-0KC7-FVTB. PMID: 8976466.

Mynors-Wallis, Laurence, Ioana Davies, Alastair Gray, Faith Barbour, & Dennis Gath. 1997. A randomized controlled trial and cost analysis of problem-solving treatment for emotional disorders given by community nurses in primary care. *The British Journal of Psychiatry,* 170: 113-9.

Nguyen, Christopher. M., Kuan_Hua Chen & Natalie L., Denburg. 2018. The Use of Problem-Solving Therapy for Primary Care to Enhance Complex Decision-Making in Healthy Community-Dwelling Older Adults. *Frontiers in psychology,* 9: 870. https://doi.org/10.3389/fps yg.2018.00870

Nezu, Arthur M. 1987. Efficacy of a social problem-solving therapy approach for unipolar depression. *Journal of Consulting and Clinical Psychology,* 57: 408-413.

Nezu, Arthur M. 2004. Problem-solving and Behavioral Therapy Revisited. *Behavior Therapy,* 35:1-33.

Nezu, Arthur M., Christine M. Nezu & Thomas J. D'Zurilla. 2007. *Solving life's problems: a 5-Stpep Guide to enchanced well-being,* New York: Springer.

Nezu, Arthur M., Alexandra. P. Greenfield, & Christine M. Nezu. 2015. Contemporary problem-solving therapy: A transdiagnostic intervention. In C. M. Nezu & A. M. Nezu (Ed.), *The Oxford*

Handbook of Cognitive and Behavioral Therapies. New York: Oxford University Press.

Nezu, Arthur M., Christine M. Nezu, Stephanie H. Friedman, Shirley Faddis & Peter. S.Houts, 1998. *Helping cancer patients cope: A problem-solving approach*. Washington, D.C.: American PsychologicalAssociation.

Nezu, Arthur M. & Michael G. Perri. 1989. Social Problem-Solving Therapy for Unipolar Depression: An Initial Dismantling Investigation. *Journal of Consulting and Clinical Psychology*, 57(3): 408-413.

Nezu, Arthur M. & Thomas. J. D'Zurilla. 2006. *Problem-solving therapy: a positive approach to clinical intervention*. New York: Springer Publishing Company.

Oxman, Thomas E., Mark T. Hegel, Jay G. Hull & Allen J. Dietrich. 2008. Problem-Solving Treatment and Coping Styles in Primary Care Minor Depression. *Journal of Consult Clinical Psychology*, 76(6): 933-943.

Peeren, Siofra Petra. 2014. Can Problem Solving Therapy Solve the Problem of Late Life Depression? A Systematic Review of Randomized Trials. *Journal of European Psychology Students*, 5(3): 28-35. DOI: http://dx.doi.org/10.5334/jeps.cd.

Salkovskis, P. M., C. Atha & D. Storer. 1990. Cognitive-behavioural problem solving in the treatment of patients who repeatedly attempt suicide. A controlled trial. *British Journal of Psychiatry*, 157: 871-6.

Spitzer R. L, K. Kroenke & J. B. Wiliams. 1999. Patient Health Questionnaire Primary Care Study Group. Validation and utility of a self-report version of PRIME-MD: the PHQ primary care study. Primary evaluation of mental disorders. Patient Health Questionnaire. *JAMA*, 282(18): 1737-44. https://doi.org/10.1001/jama.282.18.1737

UCSF. *Problem Solving Treatment for Primary Care.* waims.org/files/pst/ PSTPC_Manual_2013.pdf

William, J. W. et al., 2000. Treatment of dysthymia and minor depression in primary care. *Journal of the American Medical Association*, 284: 1519-26.

Yesavage, J. A., T. L. Brink, T. L. Rose, O. Lum, V. Huang, M. Adey, Otto Von. 1983. Development and validation of a geriatric depression screening scale: a preliminary report. *J Psychiatry Res*, 17: 37-49.

저자소개

윤현숙 한림대학교 사회복지학부 교수

학력

이화여자대학교 사회학과 졸업

동 대학원 사회복지학 석사

미국 워싱턴주립대학교 사회복지대학원 석사

이화여자대학교 대학원 사회복지학 박사

주요 경력

한국사회복지학회 회장

대한의료복지사협회 회장

대통령직속 저출산고령사회위원회 민간간사위원

한림대 고령사회연구소 소장

한림대 의료관광인재양성센터 센터장

한림대 고령친화전문인력양성사업(누리사업)단장

한림대 산학협력선도대학(링크 · LINC)육성사업단장

주요 연구주제

사회복지실천, 노인복지, 의료 및 정신보건복지

저자소개

임연옥 한림대학교 고령사회연구소 HK연구교수

학력

이화여자대학교 신문방송학과 졸업

동 대학원 신문방송학 석사

동 대학원 사회복지학 석사

동 대학원 사회복지학 박사

The multi-disciplinary Graduate Gerontology Certificate Program (GGCP) 이수

주요 경력

서울여대, 한림대, 서울사이버대, 한양사이버대 등 강의

서울시남부노인보호전문기관 자문위원 및 사례판정위원

한림대 고령사회연구소 연구원

주요 연구주제

노인복지

생명교육총서 5

문제해결능력 향상을 위한 상담의 길잡이

노인 우울 예방을 위하여

초판인쇄 2021년 08월 20일
초판발행 2021년 08월 30일
지 은 이 윤현숙, 임연옥
발 행 인 윤석현
책임편집 윤여남
발 행 처 도서출판 박문사
주　　소 서울시 도봉구 우이천로 353
전　　화 (02) 992-3253(대)
전　　송 (02) 991-1285
전자우편 bakmunsa@hanmail.net
홈페이지 http://jnc.jncbms.co.kr
등록번호 제2009-11호

ⓒ 생사학연구소 2021.

ISBN 979-11-89292-86-7　04100　　　　**정가** 11,000원
　　　979-11-87425-84-7　(set)